EDUARDO SUÁREZ Y MARÍA RAMÍREZ

Marco Rubio y la hora de los hispanos

Eduardo Suárez (España, 1979) es fundador y subdirector de *El Español* y analista político de Univision Noticias. Ha sido corresponsal del diario *El Mundo* en Londres, Nueva York y Bruselas. También ha ejercido como comentarista en canales como CNN, Univision, BBC, NY1 Noticias y Sky News. Es autor de *El rastro del "Exxon Valdez"* (2014). En octubre de 2014 recibió en Medellín el Premio Gabriel García Márquez al mejor reportaje del año en lengua castellana.

María Ramírez (España, 1977) es fundadora y subdirectora de *El Español* y analista política de Univision Noticias. Fue corresponsal de *El Mundo* durante quince años en Nueva York, Bruselas y Milán. Ganadora de una beca Fulbright y licenciada en periodismo por la Universidad de Columbia, ha cubierto tres campañas presidenciales de Estados Unidos.

Juntos, Suárez y Ramírez crearon el blog de innovación periodística #nohacefaltapapel y escribieron el libro *La carrera*, retrato de diez candidatos cuyo ascenso marca el futuro de América.

Marco Rubio y la hora de los hispanos

Marco Rubio y la hora de los hispanos

EDUARDO SUÁREZ

MARÍA RAMÍREZ

VINTAGE ESPAÑOL
Una división de Penguin Random House LLC
Nueva York

PRIMERA EDICIÓN VINTAGE ESPAÑOL, FEBRERO 2016

Copyright © 2016 por Eduardo Suárez y María Ramírez

Todos los derechos reservados. Publicado en los Estados Unidos de América
por Vintage Español, una división de Penguin Random House LLC, Nueva
York, y distribuido en Canadá por Random House of Canada, una división
de Penguin Random House Canada Ltd., Toronto. Originalmente publicado
en España por Penguin Random House Grupo Editorial, S. A., Barcelona.
Copyright de la presente edición en castellano para todo el mundo
© 2015 por Penguin Random House Grupo Editorial, S. A.

Vintage es una marca registrada y Vintage Español y su colofón son marcas
de Penguin Random House LLC.

Información de catalogación de publicaciones disponible en la Biblioteca
del Congreso de los Estados Unidos.

Vintage Español ISBN en tapa blanda: 978-1-101-97329-5

Para venta exclusiva en EE. UU., Canadá, Puerto Rico y Filipinas.

www.vintageespanol.com

Impreso en los Estados Unidos de América
10 9 8 7 6 5 4 3 2 1

A mis padres

Eduardo Suárez

A Rocío

María Ramírez

Índice

1

El obelisco

El obelisco con la bandera de Cuba se alza casi 20 metros sobre el campus de la Universidad Internacional de Florida y rinde homenaje a los náufragos y a los exiliados. Empieza a anochecer en esta tarde cálida de febrero en la que se inaugura el monumento después de 12 años de batallas para decidir la forma del símbolo y para conseguir financiación.

Miles de personas escuchan de pie el himno de Estados Unidos. Después suena el de Cuba y muchos cantan emocionados, algunos con la mano en el corazón:

> *Al combate corred, bayameses,*
> *que la patria os contempla orgullosa.*
> *No temáis una muerte gloriosa*
> *que morir por la patria es vivir.*
> *En cadenas vivir, es vivir*
> *en oprobio y afrenta sumidos*
> *del clarín escuchad el sonido.*
> *¡A las armas, valientes, corred!*

Entre los versos del himno, se oyen sollozos y algún grito contra el régimen de los hermanos Castro. Alguien corta la música justo antes de llegar a la frase que iba a sonar unos segundos después: «Cuba libre, ya España murió».

«Abajo los tiranos», dice una pancarta entre una multitud en la que

se mezclan banderas de Cuba y de Venezuela. Un octogenario sujeta otra contra «los vendepatrias» que quieren «diálogo» con el régimen.
Una joven tapa los ojos de un niño cuando aparecen las imágenes
más cruentas en los vídeos que se proyectan, algunas de balseros mo-
ribundos y otras de fusilamientos. La consigna en este invierno de 2014
es «no olvidar», ahora que el final del castrismo parece estar más cerca
y que parte de los cubanoamericanos están ansiosos por dar el salto a
la isla para hacer negocios o restablecer los lazos con la patria perdida.

El senador republicano Marco Rubio charla sonriente en un co-
rrillo con sus aliados políticos hasta que llega su turno. Al subir al escenario, adopta un tono más serio para dirigirse a su comunidad. Está
ronco y coge el micrófono con menos ganas de lo habitual.

«Vivimos un momento sumamente interesante e importante en
la historia del mundo», dice con un tono bajo y hablando en español,
una lengua que siempre pronuncia a un ritmo más lento que el inglés. «¡No se oye!», le gritan desde las primeras filas. «¿Y ahora?», pregunta el senador acercándose un poco más al micro. «Síííí.»

Rubio apenas habla cinco minutos. Lo hace sin papeles, como de
costumbre. Primero compara la lucha de los cubanos por la libertad
con la de los ucranianos y la de los venezolanos. Luego describe la naturaleza del régimen y asegura que muchos en Estados Unidos no
comprenden bien la situación:

> Desafortunadamente, cuando yo viajo en el país, me encuentro con
> personas que no lo hacen por mal, pero me dicen «hace poco estuve en
> Cuba» o «leí un artículo sobre Cuba», y me parte el corazón porque a ve-
> ces creo que el gran público americano y del mundo no se da cuenta de
> la realidad cubana. Cuba no es una cosa interesante que está pasando en
> este hemisferio. Es una tragedia que está ocurriendo en medio de no-
> sotros, a 90 millas de la costa del país más libre en la historia del mundo.
> Y no es simplemente una tiranía. Es un Gobierno de criminales.

Lo interrumpen los aplausos. «Llegará un momento en que ya ese
Gobierno no esté ahí. Es inevitable. Y cuando ese momento llegue es

importante que esté bien escrito y que se sepa bien qué fue lo que ocurrió durante esos años.»

El senador republicano repite algunas de las ideas del exilio histórico, el que se fue de Cuba después del ascenso de Fidel Castro en 1959. Pero ni pertenece a esa generación ni ha tenido una experiencia similar a la de la mayoría de los miembros de la comunidad.

La familia de Rubio se mudó a Estados Unidos unos años antes de la llegada al poder de Castro y no emigró por motivos políticos. Sus padres, Mario y Oriales, se marcharon de Cuba en busca de trabajo en mayo de 1956. Aún mandaba el dictador Fulgencio Batista y su destino inicial fue Nueva York, donde vivía la hermana de Oriales.

La pareja no se quedó mucho tiempo allí y dio tumbos en busca de la fortuna que nunca terminó de llegar. Vivieron en Los Ángeles y en Las Vegas antes de instalarse definitivamente en Miami, donde nació Marco el 28 de mayo de 1971.

Oriales y Mario difícilmente podían imaginar lo que ocurriría cuatro décadas después. Que aquel país en el que habían luchado por ser parte de la clase media elegiría a su hijo como uno de los 100 miembros del Senado de Estados Unidos. O que un candidato presidencial examinaría su currículum como posible aspirante a vicepresidente. O que Marco lucharía un día por la Casa Blanca.

Rubio es cubanoamericano pero sus vivencias lo distinguen de muchos de los espectadores que escuchan esta tarde su discurso. La mayor parte de su infancia la pasó en Las Vegas, lejos del exilio que lo ha adoptado como defensor. Allí el joven Rubio se hizo mormón y creció rodeado de mexicanos y afroamericanos. Esa experiencia complicó su adaptación al volver a Miami y le dio una sensibilidad especial, lejos de su comunidad más inmediata por origen.

El monumento que se inaugura este sábado está en el sur del campus de la Universidad Internacional de Florida, donde Rubio imparte clases de política local.

Su faceta de profesor empezó con una polémica en 2008. Acababa de dejar su escaño en la Cámara de Representantes de Florida y se estaba preparando para presentar su candidatura al Senado federal.

Unos meses antes, la universidad había aprobado un recorte de 23 programas y 200 puestos de trabajo pero aun así contrató a Rubio, que no había cursado ni un doctorado ni un máster, requisitos habituales para ser profesor.

El centro académico había recibido ayudas públicas de Florida mientras Rubio era presidente de la Cámara de Representantes del estado. Le ofreció un sueldo de 69.000 dólares anuales y varios profesores se quejaron de su contrato.

El político republicano recaudó dinero privado para sufragar gran parte de su sueldo. El millonario Norman Braman, dueño de una red de concesionarios de coches y principal mecenas de Rubio, donó 100.000 dólares al centro.

Rubio hizo una pausa académica durante la campaña de 2010. Pero volvió a las aulas en 2011, después de tomar posesión como senador. Entonces empezó a turnarse con otros cuatro profesores a cambio de un sueldo de unos 24.000 dólares después de haber recibido la aprobación de la comisión del Senado que se encarga de controlar los posibles conflictos de interés.

Rubio dice que le «encanta» dar clases. Algunos de sus críticos reconocen que su presencia ha atraído a alumnos que quieren escuchar lo que dice un político al que ven a menudo en la tele. Con una sonrisilla que parece pedir disculpas, Rubio dice que no suele hablar «tanto» de Cuba en clase porque no tiene «tanto tiempo» en cada sesión y tiene que ajustarse a un programa más amplio dedicado a la política de Florida. Pero a menudo se siente identificado con las familias de sus alumnos.

«La diferencia entre esta universidad y muchas otras es que aquí hay muchos estudiantes cuyas familias están sufriendo o han sufrido esa realidad», cuenta el senador. En las mochilas de sus alumnos ve chapas de apoyo a los demócratas y sabe que probablemente muchos no comparten sus opiniones y que quizá tampoco les interesa el debate sobre Cuba como a sus padres o a sus abuelos. «Cada generación tiene sus opiniones», explica. «Pero no creo que haya ninguna simpatía hacia el régimen en esta comunidad. Ni de las nuevas generaciones ni de las antiguas.»

Los más entusiasmados con la inauguración del monumento a Cuba son los más mayores. El obelisco se encuentra en un parque llamado Tamiami, una explanada que hasta los años sesenta albergó un aeropuerto y que suele acoger grandes eventos públicos.

Aquí se plantaban durante años unas 10.000 cruces blancas de poliespán con el nombre de los ejecutados en Cuba o de quienes murieron intentando llegar a la costa de Florida. Pero como las cruces sólo se mantenían durante tres días, en otoño de 2006 el presidente del consejo del condado de Miami anunció la creación del monumento permanente. Se suponía que se terminaría en tres meses. No se construyó hasta más de siete años después.

«Es importante que esto esté aquí, a pocos pasos de esos edificios en esta universidad y les digo por qué», explica el senador republicano en su discurso de inauguración.

A esa universidad van sus hijos, nietos y sus bisnietos. Las futuras generaciones que estarán aquí, que serán profesionales, que ayudarán a reconstruir su patria, la patria de ustedes, tienen que saber la realidad cubana de lo que pasó y de lo que está pasando. Es importante que esto esté aquí también, que esos jóvenes estén cerca de aquí. Porque desafortunadamente en las universidades de este país no se enseña la realidad cubana. Se dicen mentiras.

Vuelven los aplausos y un cincuentón masculla «comunistas» en referencia a los profesores más progresistas.

Rubio también hace una referencia al debate del momento: «Las personas que me hablan a mí de abrirse hacia Cuba, como si más turistas yendo a Cuba fueran a cambiar la naturaleza, no entienden con quién estamos tratando».

Aunque no lo mencione en el discurso con el nombre, sus palabras se dirigen al cubanoamericano Alfonso Fanjul, propietario junto a sus tres hermanos de un conglomerado dedicado al azúcar, los hoteles y los negocios inmobiliarios en Estados Unidos y en República Dominicana. Los Fanjul son amigos de los Clinton y del rey de

España, Juan Carlos (que se aloja a menudo en su casa), y han hecho donaciones a ambos partidos.

Alfy está en boca de muchos de los que se reúnen alrededor del obelisco este sábado. Algunos incluso exhiben pancartas escritas a mano contra él. Han pasado tres semanas desde que el *Washington Post* publicara la entrevista en la que el empresario dijo que tenía ganas de invertir en la isla si se dieran «las circunstancias correctas». «Si hay alguna manera de que la bandera de la familia pueda volver a Cuba, me encantaría que así fuera», aseguraba en el artículo.

El magnate, en realidad, podría invertir en la isla sin temor a las penalizaciones del embargo porque se lo permite su ciudadanía española. «Espero que un día Estados Unidos y Cuba encuentren la manera de que toda la comunidad pueda vivir y trabajar unida», decía Fanjul, que aún podría reclamar los bienes expropiados a su familia cuando él era un adolescente.

El empresario visitó Cuba en abril de 2012 y en febrero de 2013 como parte de una delegación de la Brookings Institution, un *think-tank* partidario del final del embargo. Pero la entrevista al *Post* es lo que más ha alterado a parte de la comunidad cubana, que percibe sus palabras como una traición.

«Se siente desilusión por los comentarios que hizo. Ha suscitado la pasión en la comunidad, ha despertado mucha indignación», cuenta Mauricio Claver-Carone, director de US-Cuba Democracy, un grupo de presión cuyo objetivo es recaudar dinero para aspirantes al Congreso que se pronuncien a favor del embargo y de dar ayudas económicas a los disidentes.

Claver-Carone nació en Miami, se crió en Madrid y su familia no ha vuelto a Cuba. Tiene 38 años y pertenece a la generación más próxima al exilio histórico no por su edad sino por su experiencia, alejada de la isla y sin ninguna relación allí. Lleva la web *Capitol Hill Cubans* y presenta un programa de radio llamado *From Washington al Mundo*.

Fanjul invitó a comer al activista en una de sus mansiones en West Palm Beach, una hora al norte de Miami. El empresario quería convencerlo de que sus principios siguen siendo los mismos pese a sus viajes. Según decían sus colaboradores, el magnate no estaba «contento» con el artículo del *Post* porque no reflejaba «su verdadero sentimiento».

Sin embargo, Claver-Carone comenta que desde hace tiempo hay «sospechas» sobre los viajes de *Alfy*. Poco después de su primera visita a Cuba, más de una docena de ejecutivos exiliados de grandes empresas como Bacardi, Pepsi o Jazztel firmaron una carta de «compromiso con la libertad» para rechazar los intentos del régimen de atraer inversores y «dividir y neutralizar a la comunidad cubanoamericana».

El ex congresista Lincoln Díaz-Balart asegura que en Miami se comenta que Fanjul le ha comprado al Gobierno castrista la mansión que le había expropiado y que conservaba entre un centenar de viviendas como «casa de protocolo», con sus sirvientes y sus vajillas. Díaz-Balart, un hombre pausado que se agita al hablar de *Alfy*, dice:

> Sus palabras nos han dado vergüenza ajena... ¿Qué necesidad tiene de enfangarse? Ahora sí que va a tener problemas en Cuba el día de mañana. ¿Quiénes van a ser los ministros, los legisladores y los presidentes en Cuba? Personas con autoridad moral como Berta Soler, la líder de las Damas de Blanco, los que están recibiendo los golpes. Ellos y sus familias. ¿Cómo te van a ver si tú le compraste la casa robada al dictador? Después de lo que ha ocurrido nadie quiere su dinero. Quizá algún candidato demócrata. No todos porque Bob Menéndez y Albio Sires son demócratas pero son tan duros como nosotros. Fanjul se ha hecho mucho daño. Ha pensado que le convenía una alianza económica con el régimen pero yo creo que es un error.

La asociación azucarera de exiliados cubanos en Miami se distanció enseguida de los comentarios de Fanjul. La posición del empresario también contrasta con la de su hermano pequeño, el republicano Pepe, que fue además uno de los primeros protectores y donantes de Marco Rubio.

«A mí lo que me interesa para Cuba es la libertad política», explica Rubio con tono calmado, aunque alerta como cada vez que habla con un reportero. Rubio sigue cerca de Pepe y no quiere atacar directamente a su hermano, pero deja claro que él estará del otro lado hasta el final. «Si yo pensara que realmente una apertura económica de Estados Unidos fuera a cambiar eso, estaría a favor, pero no lo va a hacer. El Gobierno cubano manipula todo... No van a permitir que entre cualquiera a hacer lo que quiera. Ellos solamente van a permitir aperturas que ellos puedan controlar.»

Los hermanos Fanjul son los propietarios de la mayor azucarera del mundo, Florida Crystals. La empresa refina siete millones de toneladas al año y produce dos de cada tres azucarillos que se consumen en Estados Unidos. En los últimos años, ha recibido críticas por el trato que dispensa a sus empleados en los cañaverales de República Dominicana.

El azúcar fue una de las grandes fuentes de ingresos de Cuba en las primeras décadas del siglo xx. Pero el desplome de la Unión Soviética dejó al sector sin su único cliente y propició una crisis de la que sólo empezó a salir en el siglo xxi, empujado por el aumento de los precios y por las expectativas de una apertura económica que no termina de llegar pcse al interés de los inversores extranjeros. El panorama cambiaría si los estadounidenses compitieran en ese mercado que dominaron antes de que los Castro llegaran al poder.

El embargo a Cuba no ha sido una iniciativa rentable para Estados Unidos. Según la Cámara de Comercio, impide un intercambio anual por valor de unos 2.000 millones de dólares. Los lazos comerciales empezaron a cortarse cuando el presidente republicano Dwight Eisenhower anunció los primeros términos de la política el 19 de octubre de 1960, unos días antes de las elecciones que decidieron el nombre de su sucesor.

Eisenhower redujo al mínimo las importaciones de azúcar cubano, prohibió el uso de petróleo soviético a las refinerías americanas que operaban en la isla e impuso las primeras restricciones, de las que quedaban exentas las ventas de medicamentos y de alimentos de primera necesidad.

Fidel Castro ni siquiera llevaba dos años en el poder. Pero sus primeras decisiones ya habían despertado la oposición de la Casa Blanca, preocupada por las expropiaciones y los gestos de simpatía hacia la Unión Soviética. Al principio Eisenhower actuó con cierta cautela. Pero esa actitud se evaporó después del encuentro que su vicepresidente Richard Nixon mantuvo con el líder cubano. «O es increíblemente ingenuo sobre el comunismo o es un comunista completamente disciplinado, aunque yo diría que lo primero», escribiría Nixon en un memorándum.

Aquel encuentro convirtió al vicepresidente republicano en el principal enemigo de Castro en la Casa Blanca y en el primero en abogar por la financiación de una fuerza de exiliados armados que lo expulsaran del poder. Una propuesta que Eisenhower desechó durante meses y que la CIA retomó en 1961.

Al adoptar el embargo, la Casa Blanca era consciente de su impacto económico sobre la economía de Estados Unidos. Calculó que el comercio entre ambos países se desplomaría de los 1.100 millones de dólares de 1957 a poco más de 100 y que la inversión directa de las empresas americanas en la isla desaparecería. Castro respondió confiscando las refinerías, nacionalizando las propiedades de los americanos en La Habana y expulsando a la mayoría de los empleados de la embajada de Estados Unidos en la capital.

El embargo respondía a la lógica de la Guerra Fría y ningún presidente se atrevió a tocarlo durante décadas. John F. Kennedy lo endureció prohibiendo los viajes a la isla y las transacciones financieras con el régimen en febrero de 1963. Aunque no sin antes pedir a uno de sus asesores que se hiciera con 1.201 habanos que no lograría fumar antes de morir.

Unos días después del magnicidio de Dallas, su hermano Bobby Kennedy se pronunció en un documento oficial en contra del embargo. «La libertad para viajar se ajusta más a nuestros puntos de vista como sociedad libre y supondría un fuerte contraste con el Muro de Berlín», escribió el político que sería asesinado en junio de 1968.

En 1974, animado por el éxito de la apertura al régimen chino, el secretario de Estado Henry Kissinger trazó una estrategia para eliminar las sanciones. Pero el plan se vio ralentizado por la dimisión del presidente Nixon y se abandonó en 1975 por el envío de tropas cubanas a Angola.

Al demócrata Jimmy Carter le habría gustado cambiar la política con respecto al régimen castrista. Pero el acuerdo del Canal de Panamá consumió sus esfuerzos diplomáticos en Latinoamérica y su derrota en 1980 dio paso a una nueva era. El republicano Ronald Reagan trabó amistad con el disidente cubano Jorge Mas Canosa y consideraba el castigo a Cuba y su inclusión en 1982 en la lista de estados terroristas como una herramienta más en su lucha contra el comunismo en el hemisferio occidental.

Al llegar al poder, Bill Clinton tenía la intención de atenuar las condiciones del embargo. Pero para entonces la llamada Ley Torricelli (1992) había dejado la decisión en manos del Congreso, que endureció el aislamiento cubano con la Ley Helms-Burton en 1996, promulgada después que Cuba derribara dos aviones de Hermanos al Rescate, un grupo de Florida que trataba de ayudar a los balseros y soltar panfletos en la isla. A Clinton le venía bien la decisión para ganar votos en la comunidad cubanoamericana. «Apoyar la ley era una buena táctica política en año electoral en Florida. Pero dinamitaba cualquier oportunidad de que yo pudiera levantar el embargo a cambio del progreso en Cuba si ganaba el segundo mandato», reconoce Bill Clinton en su autobiografía *Mi vida*. «Casi parecía que Castro quería forzarnos a mantener el embargo como una excusa para los fallos económicos de su régimen.»

Clinton ya había perdido unas elecciones por una crisis cubana. En 1980 y después de la llegada masiva de los *marielitos* (llamados así por el puerto de Mariel del que habían salido al oeste de La Habana), Jimmy Carter trasladó unos 19.000 a la base de Fort Chaffee, en Arkansas, cuando Clinton era gobernador. Descontentos por las condiciones en el campo y por el limbo legal en el que se encontraban, entre 2.000 y 3.000 refugiados, sobre todo adolescentes, protestaron atrincherándose, destrozando el mobiliario o prendiendo fuego a los barracones del cuartel. Algunos se marcharon a una ciudad cercana, Barling, provocando la reacción de los residentes, que se armaron e intentaron echar a los refugiados. Clinton autorizó a la policía a reprimir las protestas con la fuerza y hubo varias acusaciones de tortura, malos tratos e incluso intentos de conversión a una secta dentro de la base. El campo de acogida se convirtió en una cárcel.

Después de las explosiones de violencia, Carter le prometió al joven gobernador que no enviaría más cubanos pero no cumplió con su palabra. Clinton le dijo a gritos: «Me estás jodiendo». Ese año, el gobernador sufrió en las primarias de su propio partido contra un granjero de 78 años poco conocido y en noviembre perdió la reelección.

En una cena en verano de 1994 con Gabriel García Márquez en Martha's Vineyard, Clinton, ya presidente, le explicó al escritor que temía por el efecto de la crisis de los balseros tras la llegada de decenas de miles de cubanos ese año. «Castro ya me costó unas elecciones. No puede costarme las segundas», dijo Clinton. En agosto, el presidente anunció que los balseros serían trasladados a bases fuera de Estados Unidos, entre ellas la de Guantánamo.

Así, durante años, ni Bill ni Hillary Clinton fueron abanderados de la apertura hacia Cuba. Su evolución va unida a la de la opinión pública y también a la de su amigo Fanjul. El nombre del empresario está incluso en el informe del fiscal especial Kenneth Starr sobre la relación del presidente con Monica Lewinsky. El documento señala que Clinton recibió una llamada del magnate del azúcar durante uno de sus encuentros íntimos con la becaria en el Despacho Oval.

Fanjul siempre ha mantenido una relación especialmente amistosa con Hillary Clinton. Al regresar de uno de sus viajes a Cuba, el empresario se reunió con la aspirante a la Casa Blanca para explicarle los motivos de su cambio de opinión. En noviembre de 2013, el magnate volvió a conversar con ella y con su esposo sobre Cuba durante un acto de recaudación en el domicilio del empresario cubano Paul Cejas, que ejerció como embajador en Bélgica en los años noventa y siempre ha sido uno de los grandes recaudadores para los Clinton.

En cambio, se ha notado poco la evolución de la opinión pública en el Congreso, donde ha costado encontrar voces favorables al deshielo en ambos partidos.

«No es el momento», insiste Rubio. «En un futuro, cuando esta dictadura, cuando estos líderes que están allí no estén en la escena, sea por causas naturales o porque el pueblo los quite, vamos a tener un arma para negociar con ese nuevo Gobierno, para poder lograr la libertad política del pueblo cubano».

No todos en Miami están de acuerdo con el senador republicano. Una parte de la comunidad considera que el acercamiento paulatino es un acierto y que el paso del millonario Fanjul es una liberación. «El hecho de que *Alfy* haya dicho esto públicamente ha permitido que mucha gente salga del armario en el caso de Cuba. Ha dado una nueva legitimidad a la posibilidad de disentir. Hasta ahora había mucha intimidación. Había que decirlo bajito», explica Carlos Saladrigas, consejero delegado y presidente de la empresa de recursos humanos Regis HR y convertido en referente de los exiliados que están en contra del embargo. «La estrategia de la olla a presión no ha funcionado en ninguna parte del mundo», dice el exiliado, cuyo tío ejerció como primer ministro cubano entre 1940 y 1942.

Al igual que más de otros miles de niños cubanos, Saladrigas llegó a Estados Unidos dentro de la llamada Operación Pedro Pan, una iniciativa promovida en secreto por el Gobierno de John F. Kennedy para sacar a jóvenes de Cuba.

En agosto de 1961, con 12 años, Saladrigas llegó a Miami, donde lo esperaban unos tíos con pocos recursos económicos. Durante meses, ni siquiera fue al colegio. Una prima intervino para intentar enderezar al niño pero ella y su marido acabaron echándolo de casa. Lo acogieron unos amigos hasta que sus padres también emigraron a Estados Unidos gracias a los llamados *freeedom flights* que empezaron en diciembre de 1965 y que daban prioridad a los parientes de los «Pedro Pan» (los vuelos llevaron a Estados Unidos a más de un cuarto de millón de cubanos entre 1965 y 1973).

Sin apenas medios, y a base de trabajos diurnos desde adolescente y muchas clases nocturnas, este Pedro Pan llegó a estudiar en la Universidad de Harvard. Ahora cita a Marx y a Voltaire con naturalidad.

Saladrigas estuvo durante décadas en lo que define como la «línea dura» del exilio. «Yo vivía aferrado como muchos otros al enfrentamiento con el régimen», explica. «Vivíamos obsesionados y no nos dábamos cuenta de que estábamos dañando a nuestro pueblo. Hoy ese régimen ya está moribundo. Ha roto el contrato social y no tiene un proyecto de futuro. Decir que no ha habido cambios es tapar el sol con un dedo.»

El empresario apoyó durante años a candidatos republicanos partidarios del embargo. En 1997, incluso lideró la campaña contra una iniciativa del arzobispo de Miami, que intentó llenar un barco con feligreses para ir a Cuba durante la visita del papa Juan Pablo II.

Saladrigas y otros activistas lograron entonces abortar el viaje. Pero el empresario, un hombre dado a la reflexión y a los discursos, identifica aquel momento como el principio de su cambio personal. Al ver por televisión a la multitud en Cuba junto al pontífice, se dio cuenta del «error garrafal» que había cometido al querer promover el aislamiento de los cubanos.

Unos años después, Saladrigas estuvo en las protestas alrededor de la casa en Little Havana donde fue acogido Elián González, el niño balsero cuya madre murió intentando huir de Cuba y cuyo padre consiguió su vuelta a la isla después de una intensa batalla judicial. En la madrugada del 22 de abril de 2000, agentes federales entraron en la casa por sorpresa para esquivar a los activistas que hacían guardia sobre todo durante el día en apoyo a los familiares de Elián, que no querían que el niño volviera a Cuba. «Entonces me di cuenta del gran error del exilio cubano», dice el empresario. «Permitir que la pasión nos ofusque el cerebro.»

Unos días después, Saladrigas escribió un artículo titulado *Béisbol* con una metáfora muy gráfica: «¿Por qué tenemos que darle al bate cada vez que Castro nos tira una pelota?».

En aquellos años, la comunidad cubana estaba en pleno proceso de fractura después del fallecimiento en 1997 de Jorge Mas Canosa, líder de la Fundación Nacional Cubano Americana y principal portavoz en Washington a favor del embargo, desde Ronald Reagan hasta Bill Clinton. Mas Canosa había hecho fortuna con su empresa de telefonía, pero soñaba con ser presidente de la isla y mantenía unida al ala más partidaria del aislamiento completo del régimen. Su fiereza marcó la política de la Casa Blanca durante años e ideó algunas de sus herramientas más poderosas, como Radio Martí, una emisora en español dirigida a oyentes que residen en Cuba y financiada por el Gobierno federal.

Las relaciones de Mas Canosa pasaban por aliados mucho más peligrosos que no se encontraban en los pasillos del Congreso. Luis Posada Carriles, exiliado y ex agente de la CIA acusado de haber planeado el atentado contra el vuelo de Cubana de Aviación en 1976, donde murieron 73 personas, reconoció que había pagado a un mercenario para que colocara los explosivos. En 1998, Posada dijo al *New York Times* que Mas Canosa había financiado algunas de sus actividades.

Tras la muerte del líder, la Fundación Nacional Cubano Americana quedó descabezada. En 2001, se rompió y los más convencidos del embargo crearon un nuevo grupo, el Consejo Cubano por la Libertad, que hoy mantiene la línea más dura y que tiene una buena relación con Marco Rubio. La Fundación, en cambio, ha ido moderándose y en 2009 pidió el alivio de las sanciones para permitir más viajes a la isla y alguna relación comercial dentro de los límites del régimen, que son muchos, como reconocen los partidarios de mejorar las relaciones.

«Hay que estar desquiciado para invertir en Cuba porque no ofrece garantías, infraestructura o claridad en las reglas del juego», dice Saladrigas, que sin embargo insiste en que «pronto» esa situación puede cambiar: «Sería una lástima que después de tantos años de sacrificio no hubiera capital cubano, capital criollo. Muchos empresarios en la diáspora estamos evaluando la situación. Si Cuba cambia, si se abre a los mercados, nosotros no nos vamos a cruzar de brazos».

Pero no sólo el embargo dificulta la relación comercial y personal con Estados Unidos.

Las oportunidades para las empresas extranjeras se encuentran en la caña de azúcar, en la industria farmacéutica y tal vez en el petróleo. Cuba tiene reservas estimadas entre 4.600 y 20.000 millones de barriles. Pero su oro negro está en aguas muy profundas y sólo compensaría invertir si subieran los precios del crudo o se inventara una tecnología distinta. El barril tiene que llegar a los 125 dólares para que tenga sentido explorar (el precio medio entre 1970 y 2015 fue de 41 dólares pese al récord de 145 en 2008).

La incertidumbre económica es un obstáculo a la llegada de capital que ninguna decisión de Washington puede cambiar. Hasta junio de 2014, las empresas extranjeras ni siquiera podían tener trato directo con sus trabajadores. Un inversor extranjero pagaba en su moneda al Gobierno cubano, que después distribuía el dinero también en pesos a los asalariados como creía conveniente. Pese a los cambios en la legislación, el régimen sigue controlando a los inversores.

«Las empresas españolas que invierten en turismo están tratando con los militares que están reprimiendo al pueblo cubano. ¡No tienen pudor!», se queja el activista Claver-Carone.

La Ley de Inversión Extranjera limita la mediación del Gobierno cubano. Desde 2011, los cubanos tienen cierta autonomía para fundar algunos negocios. Pero el régimen no ha dejado de perseguir a los opositores políticos o a los manifestantes, según señalan organizaciones como la Comisión Cubana de Derechos Humanos y Reconciliación Nacional, una organización independiente que el Gobierno considera ilegal. Entre enero y agosto de 2014, la ONG recibió 7.198 denuncias de detenciones arbitrarias. Casi tres veces más que durante el mismo periodo del año 2013 y siete veces más que durante el mismo periodo de 2010, según recoge Human Rights Watch.

En cualquier caso, la opinión pública en Estados Unidos ya no cree en la eficacia del embargo. El 59 por ciento de los estadounidenses está a favor de terminar el embargo a Cuba, mientras que el 29 por ciento se opone, según una encuesta de Gallup de febrero de 2015. Los cubanoamericanos están divididos, pero una ligera mayoría (44 contra 40 por ciento) respalda el final de las sanciones, según otra encuesta para el periódico *Tampa Bay Times* de diciembre de 2014. La mayoría en Florida y en Estados Unidos es partidaria de que haya más inversión extranjera en la isla y de que sea más fácil viajar aunque apoya los castigos por violaciones de derechos humanos cuando se le pregunta sobre ello.

El debate en la comunidad cubana puede llegar a ser agrio, pero ya no es violento como lo fue en los años setenta y ochenta, cuando cualquier opinión contraria al bloqueo absoluto a Castro podía costarle a uno la vida por el terrorismo de grupos como Omega 7, Alpha 66 o Comando Cero. Cualquiera que fuera percibido como débil ante el castrismo era un posible objetivo, sobre todo en Miami. Hasta el semanario *Réplica*, dedicado sobre todo a cotilleos sociales e información ligera, sufrió cinco ataques con explosivos. En 1974, su colaborador Luciano Nieves fue asesinado después de escribir que la única manera de derribar a Castro era «política» y que estaría dispuesto a volver a Cuba si se convocaban elecciones libres. En 1978, un popular locutor de la radio WQBA-La Cubanísima, Emilio Milián, se quedó sin piernas por una bomba después de haber dicho en la radio que los atentados entre cubanos eran contraproducentes. En 1978, la sede de *El Diario-La Prensa* de Nueva York fue atacada después de la publicación de un editorial a favor de los viajes de los exiliados a Cuba. En 1979, una maleta con explosivos estuvo a punto de despegar en un vuelo de la TWA de Nueva York a Los Ángeles con 150 pasajeros a bordo. La TWA había prestado aviones para viajes especiales a Cuba.

Los debates ya no acaban con cabezas rotas en el café Versalles, el viejo restaurante cubano convertido hoy en un lugar de encuentro de abuelos, turistas y canales de televisión en cuanto aparece alguna noticia relacionada con Cuba. Criticar el embargo ya no cuesta ni siquiera tantos votos.

Algunos políticos cubanoamericanos han alterado su mensaje desde la retirada de Fidel. En 2012, el demócrata Joe García ganó un escaño al Congreso haciendo campaña en Miami a favor de la apertura con Cuba aunque sin oponerse al embargo. Llevaba años luchando por un distrito muy disputado. Dos años después, perdió el escaño contra el joven republicano Carlos Curbelo aunque entonces la relación con La Habana apenas estuvo presente en la campaña.

«Los cubanos de hoy no están tan pendientes de los asuntos de la isla como sus padres y sus abuelos», dice Brian Latell, investigador de la Universidad de Miami y autor del libro *Castro's Secrets. The CIA and Cuba's Intelligence Machine*.

Esa tensión generacional ayuda a explicar el paso de Alfonso Fanjul, según cuenta el profesor Philip Brenner, autor de varios libros sobre la relación entre Cuba y Estados Unidos: «La comunidad cubanoamericana está muy dividida. Pero crece cada vez más la percepción de que el embargo no tiene sentido y no ha dejado a Raúl Castro ni un solo día sin comer».

Ése es el razonamiento que hacía desde su primera campaña presidencial Barack Obama, que, sin embargo, esperó a su reelección para reanudar las relaciones diplomáticas con la isla e intentar la reconciliación con el régimen por primera vez en cinco décadas y media.

El presidente puede «interpretar» la ley y aprobar excepciones aunque levantar el embargo dependa del Congreso. Así, el 17 de diciembre de 2014, un minuto después del mediodía, Obama anunció el acuerdo más amplio posible con Cuba que le permiten sus poderes ejecutivos como presidente.

El mediador en la sombra fue el Vaticano. Durante meses, el papa Francisco escribió cartas a Raúl Castro y a Obama en busca de pactos para conseguir la liberación de presos políticos en la isla e iniciar un diálogo sobre cuestiones humanitarias entre los dos países. Un par de meses antes del acuerdo, representantes de Estados Unidos y Cuba se reunieron en Roma. El Vaticano les dejó sus despachos «para ayudar a un diálogo constructivo sobre asuntos delicados», según dijo el secretario de Estado del Vaticano.

«Ni a los americanos ni a los cubanos está sirviéndoles una política rígida que está enraizada en hechos que sucedieron antes de que la mayoría de nosotros naciéramos», dijo el presidente Obama, nacido en 1961.

El acuerdo de diciembre de 2014 incluye el compromiso del pre-

MARCO RUBIO Y LA HORA DE LOS HISPANOS

sidente de no añadir nuevas sanciones contra el régimen, la apertura de embajadas y el comercio bilateral. También facilita los viajes de periodistas, estudiantes, familiares o cargos públicos, eleva de 500 a 2.000 dólares por trimestre el máximo de remesas que pueden enviar los exiliados cubanos a la isla y permite que los viajeros estadounidenses se lleven de la isla bienes por valor de 400 dólares en lugar de 100.

Las exportaciones a Cuba están aún muy limitadas. Pero las compañías estadounidenses pueden vender material de construcción para residencias privadas y equipamiento agrícola a los granjeros que tengan pequeñas propiedades. También puede exportarse material de telecomunicaciones y el Gobierno de Obama anima a las operadoras estadounidenses a hacer cualquier negocio que contribuya a la expansión de internet en la isla. En 2015, apenas un 5 por ciento de las casas cubanas tenían acceso a la red.

Gracias al acuerdo pueden utilizarse las tarjetas de crédito estadounidenses en la isla y los bancos de uno y otro país pueden tener cuentas en ambos para facilitar las transferencias.

Además, como parte del pacto, el contratista del Gobierno de Estados Unidos Alan Gross fue liberado después de cinco años de cautiverio por haber llevado a Cuba teléfonos satélite, ordenadores, iPods y conexiones wifi para la comunidad judía dentro de un programa de ayuda oficial. Estados Unidos liberó a cinco agentes de inteligencia cubanos, entre ellos uno que había sido condenado por haber participado en la operación para derribar los aviones de Hermanos al Rescate, cuando murieron cuatro pilotos en 1996.

«Lo han dado todo sin esperar nada a cambio. No entiendo una negociación donde haces las concesiones que hicieron», se queja la popular locutora Ninoska Pérez Castellón, de Radio Mambí.

Ella representa la parte del exilio cubano más convencida de que no hay negociación posible con el castrismo, aunque también reconoce que los últimos en emigrar a Estados Unidos tienen otras preocupaciones.

La locutora llegó «inaugurando el exilio» con su familia en 1959, cuando tenía nueve años. Sus hermanos y sus tíos participaron en el intento de invasión de Bahía de Cochinos. Su marido estuvo casi 28 años en la cárcel en Cuba por una supuesta conspiración para derribar el Gobierno de Fidel Castro desde República Dominicana. Ninoska dice que se ensañaron con él porque su padre pertenecía al Gobierno de Batista. Ella dejó la Fundación Nacional Cubano Americana en 2001 porque se estaba «ablandando». Hasta entonces era la directora de las retransmisiones especiales para la isla organizadas por la Fundación. Su emisora es ahora propiedad de Univision y se dirige a una comunidad de hispanos cada vez más variada, pero su programa *Ninoska en Mambí* sigue muy centrado en las críticas al castrismo.

«En los últimos años, el cubano que ha venido es distinto», dice Ninoska, el nombre de pila por el que se la conoce. «El otro día llegaron 24 balseros en plan "a nosotros no nos interesa la política, vinimos a buscar un trabajo mejor, a mandar dinero a Cuba"... ¿Sabes qué? Entonces ponte en la cola de los inmigrantes.»

Todos los cubanos que llegan a Estados Unidos tienen el derecho de residencia al ser considerados refugiados políticos con un estatus automático que no tiene ninguna otra nacionalidad. «Mañana levantan el embargo y el cubano va a seguir igual. Los negocios están en manos del régimen. Controlan la industria del turismo. ¿A qué puede aspirar el cubano? Ah, sí, a un paladar», dice Ninoska en un estudio de radio en Coral Gables, uno de los distritos más ricos de Miami. La sede tiene un aire ochentero, con mesas de metacrilato y catálogos de agencia de viaje en la sala de espera. Nada más entrar se encuentra el Estudio Celia Cruz. El nombre de la radio recuerda a la lucha: los mambises eran los milicianos cubanos que combatían contra los españoles en la guerra de independencia de la isla.

Ninoska es una mujer dicharachera. Le gusta ponerse muchos anillos y esta tarde lleva un bolso verde chillón de Michael Kors. Escribe artículos y ha presentado programas de televisión, pero lo que le apasiona es la radio y su poder para meterse en la vida de sus oyentes y cruzar fronteras. También la de Cuba.

Le gusta contar uno de los momentos más emocionantes de su carrera, cuando visitó Guantánamo en 1994 para hacer una historia sobre los balseros que estaban allí por decisión del Gobierno de Clinton, que intentaba desviar a bases situadas en territorios extranjeros a los 36.000 refugiados que trataban de llegar a Estados Unidos.

La periodista se puso a hacer entrevistas a los refugiados a través de las rejas en uno de los campamentos y muchos empezaron a llamarla por su nombre: «Ninoska, Ninoska». Reconocían su voz por las transmisiones de su radio que llegaban a Cuba. Pese a los intentos de bloqueo del Gobierno cubano, la emisora llegaba hasta allí. Ella se emocionó al ver a sus compatriotas y aún más al darse cuenta de que tenía ya una conexión. «Todo el mundo me conocía porque me escuchaba en Cuba. Yo empecé a llorar y todo el mundo se alborotó», recuerda.

Por el caos montado a su alrededor, los oficiales estadounidenses decidieron acelerar la visita y se la llevaron al siguiente campamento sin dejarla entrar en el lugar. Los cubanos entendieron que habían prohibido entrar a su estrella y que la obligaban a abandonarles.

Cuando Ninoska volvió a Estados Unidos, recibió una llamada de un agente de inteligencia de la base pidiéndole ayuda: necesitaban que regresara a Guantánamo porque los refugiados se habían puesto en huelga de hambre. No comerían hasta que ella no volviera a la isla. Ninoska aceptó sorprendida pero al rato volvieron a llamarla. Los cubanos no creían a los militares, que decían que Ninoska volvería, y necesitaban que ella grabara un mensaje prometiendo otra visita. Así lo hizo, pero cuando la periodista regresó a Cuba unos días después, algunos seguían en huelga de hambre mientras la esperaban.

Desde que tenía nueve años lo único que Ninoska ha visto de Cuba ha sido la base de Guantánamo («un lugar que podría ser Arizona») y la silueta de la isla observada desde el aire por el rodeo que tuvo que dar su avión. Como ella, la mayoría de sus contemporáneos no ha vuelto a pisar territorio cubano, pero Ninoska cree que el interés por lo que pasa en la isla sigue siendo parte de un debate público en Miami que ningún político puede desatender.

«Cada vez que hay elecciones viene la prensa de afuera. Desde

1980, hay artículos en el *New York Times* diciendo que el exilio ha cambiado, que ya no interesa el tema de Cuba y aquí estamos», dice Ninoska. «Puede haber cambiado, pero aquí todavía no ha ganado un político que diga que quiere el levantamiento del embargo. No lo pudo decir Obama hasta después de su reelección. Joe García, que lo sentía, no lo pudo decir porque sabía lo que le costaba.»

Ya tiene una candidata para comprobar si pueden ganarse las elecciones en Florida defendiendo el levantamiento del embargo. Hillary Clinton, que en su primera campaña presidencial, en 2008, defendía el *statu quo* con Cuba, en su segundo intento apuesta por el final del embargo. En julio de 2015, pronunció un discurso para pedirlo en la Universidad Internacional de Florida, a unos pasos del obelisco y del lugar donde cada año se desplegaban las cruces en honor a los muertos. El sitio elegido molestó especialmente a los defensores del embargo y hubo protestas de una cuarentena de estudiantes y activistas más mayores. «¡Cómo tú vas a venir a decir eso ahí!», se indigna Ninoska.

El obelisco es un lugar especial. Un recuerdo del pasado en un campus del futuro. El lugar donde se homenajea a quienes han sufrido en La Habana o en Miami y donde se cruzan las generaciones de cubanoamericanos.

En la inauguración del monumento en 2014, los políticos repiten los nombres y las historias de los muertos.

La solemnidad se rompe entre los corrillos que revolotean alrededor del escenario en busca de una palabra o una foto.

Ningún orador despierta tanta expectación como Marco Rubio, solicitado por simpatizantes que se le acercan para darle la mano, retratarse con él o recordarle a un amigo común. Sonríe a los seguidores. Mantiene la distancia con los reporteros.

En la explanada enfangada junto al escenario, Rubio se entretiene hablando y se hace una foto con un grupo de venezolanos que lo envuelven con la bandera de su país.

Al senador le siguen sus colaboradores más fieles. Algunos son portavoces de su oficina. Otros son políticos amigos y asesores que no están en plantilla pero se dejan ver a menudo a su alrededor.

Esta noche tienen preparado el todoterreno para sacarle rápido de allí antes de que la fila de coches vuelva a colapsar la única avenida por la que se puede entrar y salir del campus. «Nos vamos, nos vamos», repite Alina García, una rubia corpulenta que trabaja en el ayuntamiento de Miami y que no está contratada por Rubio pero lleva dos décadas a su lado. Junto a ellos, Carlos López-Cantera, que inició su carrera política de la mano del senador y que acaba de tomar posesión como vicegobernador de Florida después de que su predecesora renunciara por un escándalo.

Rubio se entretiene pese a la insistencia de quienes lo arrastran hacia el coche para cumplir con la charla pactada hace un rato.

«Detrás de cada nombre en esta pared, detrás de cada víctima, hay alguien que violó sus derechos», cuenta Rubio, que consigue hilvanar el mensaje del día y mantener el tono de voz constante pese al ruido machacón de un generador que asegura la luz para el escenario. «Es importante que haya consecuencias, que esos individuos sean juzgados por la justicia cubana en un futuro o que la historia recuerde lo que esos individuos hicieron.»

La historia de Rubio, al menos según la cuenta él, empieza con Pedro Víctor García en la pequeña comunidad de Jicotea, en el norte de Cuba. Pedro nació en 1899, unos días después de que un contingente de soldados americanos, entre los que se encontraba Theodore Roosevelt, obligara a las tropas españolas a abandonar la isla.

Rubio descubriría los detalles de la historia de su abuelo muchas décadas después. Pedro ya había muerto y el relato de su salida de Cuba se cruzó en la carrera política del joven senador.

Esta noche tiene los ojos enrojecidos y la voz algo cansada, pero no pierde los reflejos ante cualquier asunto que él considera delicado. ¿Se ha acordado hoy de su abuelo Pedro? Rubio asiente. Pero apenas un segundo después introduce un matiz, como si un resorte saltara en su interior para evitar un malentendido. «Mi abuelo no sufrió eso.

Perdió su país, tuvo que huir. No sufrió tanto como han sufrido los que están en esa pared. Pero la familia cubana sigue dividida. Yo tengo tíos y primos que nunca he podido conocer y una tierra. Yo quisiera poder ir adonde mis padres se criaron. Pero no lo hago y no lo voy a hacer hasta que esté libre esa tierra.»

2

La llegada

El parque público más antiguo de Estados Unidos se llama Plaza de la Constitución. Su nombre es exactamente así: está escrito en español. La plaza arbolada es el centro de St. Augustine, una ciudad costera cerca de Jacksonville donde hoy viven algo más de 13.000 personas.

La gran mayoría de los habitantes de St. Augustine ya no habla español. En este destino habitual de turistas y jubilados, los residentes son más mayores y más blancos que los del resto de Florida. Casi un 20 por ciento tiene más de 65 años y apenas hay un 5 por ciento de hispanos, según el censo de 2010. Un porcentaje muy por debajo del 22 por ciento de todo el estado.

Rodeado de palmeras y caminitos dibujados entre césped bien cortado, un obelisco de piedra blanca explica de dónde viene el nombre del parque de St. Augustine. En una placa desgastada se puede leer, también en español:

> Plaza de la Constitución, promulgada en esta ciudad de San Agustín de la Florida Oriental el 17 de octubre de 1812 siendo gobernador el brigadier don Sebastián Kindelán, caballero de la Orden de Santiago. Para eterna memoria, el Ayuntamiento Constitucional erigió este obelisco dirigido por don Fernando de la Maza Arredondo, el joven regidor decano, y don Francisco Robira, procurador síndico. Año de 1813.

Un símbolo masónico está grabado debajo del mensaje.
El monumento a la Constitución de Cádiz en esta ciudad de Flo-

rida es más antiguo que el que puede visitarse en la ciudad española de Cádiz, que fue construido con motivo del primer centenario de su promulgación. Después de que Fernando VII derogara la Carta Magna, los homenajes escultóricos fueron destruidos en España y en la mayor parte de América. En el hemisferio norte sólo se conserva otro símbolo similar tan longevo como el de la plaza de St. Augustine: el de la ciudad de Comayagua, en el centro de Honduras, que se conoce con el nombre de La Picota.

St. Augustine es considerada la ciudad más antigua de Estados Unidos; es al menos la que está documentada como la primera que se fundó como un asentamiento europeo con continuidad. El 8 de septiembre de 1565, el explorador Pedro Menéndez de Avilés declaró la formación de San Agustín para tomar posiciones contra los hugonotes franceses, que también luchaban por afianzarse en la zona. Los reyes de España aún siguen visitando el lugar en los aniversarios redondos de su fundación, como en 2015.

Para Menéndez, convertido en gobernador de Florida, el lugar natural para conseguir más soldados y recursos era Cuba, el destino de los barcos españoles. En las primeras visitas a Florida, parte de la expedición estaba formada por personas que habían nacido en Cuba, aunque entonces todavía fueran identificados como españoles.

Los curas y los soldados de La Habana eran enviados a la colonia en Florida como parte de su misión, que pocos querían acometer por las pobres condiciones y los peligros de la zona. Entonces ir a Norteamérica era una prueba o un castigo. La Habana era ya una ciudad moderna, adonde llegaban los galeones españoles cargados de los metales preciosos de México y Perú. Entretanto, y pese a las promesas de bonanza del explorador a los reyes de España, lo que entonces llamaban San Agustín era un poblacho rodeado de bosques en los que era difícil cultivar y donde la población no tenía recursos para defenderse de las tribus indígenas ni de los piratas. Su subsistencia dependía en gran parte de los víveres y de las armas que llegaban de Cuba.

Los primeros habitantes de St. Augustine fueron españoles-cubanos y en Estados Unidos fueron pioneros antes que los ingleses.

Jamestown, en Virginia, es el primer asentamiento inglés y data de 1607, más de cuatro décadas después de la fundación de la colonia de Florida. El barco *Mayflower* llegó a lo que los peregrinos llamarían Plymouth, en el actual Massachusetts, en 1620.

Para entonces, St. Augustine ya tenía historia, aunque esa historia fuera trágica. Era un lugar pobre, afectado por incendios, inundaciones y ataques continuos contra los que poco podía hacer un fuerte de madera. En 1585, el pirata Francis Drake quemó casi todas las casas del lugar. En 1668, otro asaltante de los mares, John Davis, mató casi a 60 residentes.

La vida empezó a ser algo más fácil cuando se construyó un fuerte de piedra, el castillo de San Marcos. Un ingeniero cubano, Ignacio Daza, dirigió el inicio de la obra en 1672. Después de su muerte, el fuerte tardó más de dos décadas en completarse. Pero el resultado cumplió con lo esperado. En 1702, el castillo de San Marcos ayudó a aguantar el asedio británico, que duró dos meses. Los cerca de 1.200 habitantes que había entonces resistieron y sobrevivieron al ataque. Todos se refugiaron en el castillo, sin distinción de rango social o raza.

La población de la colonia se caracterizó desde el principio por la mezcla. En 1785, aquí se abrió el primer colegio público del país que admitió a blancos y negros. Entre los profesores, había curas cubanos y las clases se daban en español. Durante siglos, lo que hoy es una pequeña ciudad tranquila era el centro del nuevo mundo: St. Augustine fue la capital de Florida hasta que la sustituyó Tallahassee en 1824.

El lugar está unido a la colonización española pero también marcó el primer hito de la llegada de los cubanos a Estados Unidos. El dominio español favoreció también el traslado de los caribeños hacia Luisiana y Texas y de ahí al resto del país.

Hasta el siglo XIX, la exploración del norte había sido un castigo o una misión para osados. Pero la lucha por la independencia de Cuba y la represión del decadente imperio español hizo más apetecible el cambio. Así fue como llegaron los primeros exiliados políticos a Estados Unidos.

Félix Varela, cura católico y defensor de la identidad cubana, fue uno de los primeros refugiados más notables en Nueva York. En los años veinte del siglo xix, sacó *El Habanero*, tal vez el primer periódico nacido en español en Estados Unidos. Se publicaron siete números, que entraron en Cuba de forma clandestina y cuyo principal objetivo fue difundir alegatos a favor de la autodeterminación. Decepcionado por las luchas internas de los cubanos, el padre Varela se dedicó después a ayudar a la comunidad católica irlandesa en el violento y pobre sur de Manhattan conocido como Five Points. Varela es uno de los primeros casos documentados de alguien que se identificó como neoyorquino y como cubano. Pasó su infancia en St. Augustine, donde también acabaría viviendo los últimos años de su vida.

La bandera de Cuba nació en Estados Unidos. En junio de 1849, otro exiliado en Nueva York, Narciso López, le contó a un amigo poeta que había tenido una visión: se había quedado dormido en un parque y había tenido una idea para el símbolo nacional al despertar bajo el cielo azul poblado de nubes alargadas.

En una casa de huéspedes en Warren Street, hoy en el SoHo, el poeta diseñó la bandera y su mujer, Emilia, la cosió. Los colores y los elementos eran los del emblema de Estados Unidos.

La bandera cubana fue izada también por primera vez de manera pública en Nueva York: fue el 11 de mayo de 1850 en el edificio del *New York Sun*, en Nassau Street, a pocas manzanas del lugar de su creación. El editor del *Sun* quería llamar la atención sobre la lucha por la independencia en la isla caribeña. «Aquí está la bandera de una Cuba libre. Aquí una bandera que antes o después ondeará en el Morro», decía el periódico. «La estrella es Cuba, una nación independiente», explicaba el *Sun* al día siguiente. El cónsul español en Nueva York protestó sin éxito.

El 19 de mayo de 1850, la nueva bandera llegaría a Cárdenas, en la costa norte de Cuba, en uno de los tres intentos fallidos de Narciso López de echar a los españoles de la isla con la ayuda de voluntarios estadounidenses, que pensaban más en la anexión que en la liberación.

Los cubanos establecidos en Florida y en Nueva York ayudaron a los que combatían en la isla contra lo que quedaba del imperio español.

José Martí vivió en Brooklyn y empezó su campaña a favor de la independencia con su periódico *Patria* en Nueva York. Pero fue en Florida donde se lanzó a la ofensiva a favor de la liberación. Visitó Tampa, Key West y St. Augustine en busca de dinero y voluntarios. Entonces se estima que unos 10.000 cubanos vivían en Florida y representaban apenas un 2 por ciento de la población de la región. Martí fundó su partido en Key West y empezó a recaudar fondos entre los cigarreros. Les sugería que donaran el 10 por ciento de su salario para la causa.

Después de la guerra hispano-estadounidense de 1898, el protectorado de Estados Unidos en que se convirtió Cuba hizo que hubiera más tráfico de visitantes a la isla. A principios del siglo XX, la isla ya era un destino turístico. Aunque los soldados estadounidenses apostados allí tenían la costumbre de volver a casa en verano, una reportera del *New York Times* decía en un artículo de abril de 1900 que cada vez llegaban más visitantes en todas las épocas el año y que algunos residentes estacionales, como las mujeres de los militares y los funcionarios de visita, preferían quedarse más tiempo. Incluso el temor a la cuarentena veraniega por las enfermedades caribeñas empezaba a bajar. «Siempre hay más o menos malaria. Pero no más que en muchas ciudades del norte», escribía la periodista Dorothy Stanhope.

A no ser que alguien tenga que estar al sol, no hay por qué sufrir el calor. En la sombra no se está mal ya que siempre hay brisa... Los cubanos adoran el calor y están muy a disgusto cuando llega un poco de frío. Dicen que los americanos están cambiándoles el tiempo, que no han pasado tanto frío como en este invierno en muchos años y que el verano pasado las nubes de lluvia pasaron muchas veces sin soltar una gota.

Lo que los vecinos del norte no cambiaban eran los ritmos de trabajo, explicaba la reportera del *Times*:

Nos dicen que si alguien quiere trabajar tiene que ser antes de las doce del mediodía. Después de esa hora hay un amodorramiento que lo invade todo y que te deja sin energía. Es un hecho que uno se siente más adormecido aquí que en Estados Unidos. Poco a poco el clima te quita la energía hasta que, no tengo dudas, entiendes la inactividad cubana.

Los americanos llegaban a un país en plena reconstrucción después de la marcha de los españoles. En La Habana, algunos vivían con comodidades que no tenían los locales que habían luchado por su independencia y se encontraban con un protectorado estadounidense. Pero la situación era mucho peor en los pueblos. En uno de ellos, Jicotea, en el norte del país, nació el 31 de enero de 1899 Pedro Víctor García, el abuelo de Marco Rubio.

Los padres de Pedro, Ramona García y Carlos Pérez, habían emigrado de España. Se empeñaron en mantener su propia tierra para cultivar caña de azúcar aunque muchos agricultores que, como ellos, apenas tenían recursos para sobrevivir, prefirieron vender sus tierras a los nuevos dominadores extranjeros.

Según averiguó Marco Rubio para su autobiografía *An American Son*, su bisabuela tuvo 20 hijos, 17 de ellos con su bisabuelo. La obsesión, en cuanto los niños crecían un poco, era ponerlos a trabajar en las tierras. Pero Pedro Víctor García tuvo un golpe de buena-mala suerte. La polio le dejó cojo y sin poder trabajar en el campo como el resto de su familia. Incapaz de arar, sus padres decidieron mandarlo a la escuela. Aprendió a leer, una excepción en su vecindario, y descubrió en los libros un mundo que le apasionó, le hizo sentirse especial y le permitió progresar. «El conocimiento le preparó para ganarse la vida con la cabeza en lugar de con las manos, y escapar a la carga física que era el destino común de los niños de su proveniencia. Le hizo ansiar estatus profesional y social», escribe su nieto en su autobiografía *An American Son*. «Era parte de la primera generación de cubanos libres y estaba muy influido por los escritos de José Martí.» Muchos años después, sus lecturas y su interés por la política serían las primeras grandes influencias de Marco.

Gracias a los libros, Pedro consiguió un trabajo como operador de telégrafo y empleado de ferrocarril. Cuando se casó con Dominga Rodríguez, él tenía 21 años y ella 17 y disfrutaban de una estabilidad desconocida para sus padres. La pareja vivía en una casa espaciosa con servicio y ayuda para el cuidado de sus hijos.

Pero su suerte cambió con la crisis estadounidense a finales de los años veinte, que empezó a tocar también a Cuba. La economía de la isla dependía de la caña de azúcar, cuyo precio subía y bajaba en pocos meses como una montaña rusa. La mala gestión y la corrupción eran habituales en aquel intento de democracia frágil. Pedro perdió su trabajo en el ferrocarril a favor de alguien que estaba mejor conectado y por primera vez en su vida tuvo dificultades para encontrar otro empleo.

Cuando en 1930 nació la sexta de la familia, Oriales, los García tuvieron que mudarse a una casa más pequeña en medio de la incertidumbre. Eran los años en que empezaba la primera oleada de exiliados políticos del siglo. Salían huyendo de la persecución de Gerardo Machado, un presidente elegido por el pueblo pero que pronto se descubrió como un dictador. Aquellos cubanos de los años treinta no llegaban a Nueva York como en décadas anteriores sino sobre todo a Miami. Allí acabaría exiliado el propio Machado, expulsado por la insurrección de la oposición. Entre 1933 y 1936 se sucedieron gobiernos breves mientras el militar Fulgencio Batista ascendía y manejaba a los líderes políticos.

Eran años de caos y bajón económico en los que Pedro Víctor García aceptaba cualquier empleo. Encontró un trabajo como lector de periódicos y novelas para entretener a los cigarreros en una fábrica de tabaco. Su salario apenas mantenía a sus hijos. La familia no pasaba hambre, según cuenta Rubio, pero su madre, Oriales, sabía que tenían menos que los demás.

Mi madre recuerda la humillación que ella y sus hermanas sufrían. Sus padres les daban muñecas hechas de botellas de Coca-Cola y vestidas con trapos, mientras otras niñas, que tenían las muñecas «de verdad», se reían de ellas. Solía sentarse fuera de la casa de los vecinos para escuchar por la ventana cómo una niña tocaba el piano mientras ella soñaba con recibir clases. La madre de la niña la descubrió una tarde, la insultó e hizo que se marchara.

Oriales nunca recibió lecciones de piano. Su familia sólo quería que pudiera trabajar para llevar más dinero a casa. Los García se mudaron a La Habana en 1940. Ella apenas era una adolescente cuando empezó a trabajar como cajera en una tienda que se llamaba La Casa de los Uno, Dos y Tres Centavos. Allí conoció un día de 1947 a Mario Rubio, que venía de una familia aún más desafortunada que la suya.

La familia de Mario había llegado a Cuba desde Canarias y había tenido poca suerte. La madre de Mario había muerto de neumonía cuando él tenía sólo nueve años y su padre, traumatizado, había dejado que sus hijos cuidaran de sí mismos. Su hermana era empleada de una familia española y a veces llevaba las sobras a casa, pero Mario siempre conservaría el recuerdo de irse a la cama con hambre. Empezó a trabajar en una cafetería con nueve años. El propietario, un gallego, lo echó porque lo pilló comiendo una tableta de chocolate sin pedir permiso. Tenía 19 años cuando su padre murió también de neumonía.

Marco Rubio dice que su padre nunca hablaba del sufrimiento de su infancia. Algunas de las historias las supo por su madre o por su tía. Otras se las contó su padre cuando se acercaba a los 80 años. Muchas las descubrió el político investigando para su autobiografía. Historias que ni siquiera conocía Oriales, la mujer que cambió la vida de aquel joven que conoció en la tienda del «todo a 100» de la época.

Mario y Oriales se casaron en 1949, cuando él tenía 21 años y ella 18. La familia de Oriales acogió a Mario y lo ayudó en una década complicada. Los trabajos escaseaban en La Habana y un año después la pareja ya tenía un hijo que mantener, Mario Víctor Rubio. Pese a las dificultades, los Rubio no querían sólo sobrevivir. Oriales soñaba con ser actriz. Ganó un concurso de talentos. A Mario le costaba leer, pero intentó estudiar por correspondencia. Cantaba tangos y quería dedicarse a ello de manera profesional. Pero ni la suerte ni la economía acompañaron en aquellos años a ninguno de los dos. Su frustración se convirtió en ganas de salir del país.

Los Rubio decidieron seguir el camino que otros vecinos habían tomado desde los años cuarenta, cuando se habían disparado las salidas desde la isla. Unos 18.000 cubanos vivían en Estados Unidos según el censo de 1940. Diez años después eran 33.700, según una estimación que probablemente estaba por debajo de los datos reales. Los cubanos llegaban a Estados Unidos pese a los problemas. Entonces había más trabas con los papeles y las reglas de inmigración favorecían sobre todo a los europeos.

Mario y Oriales dejaron Cuba rumbo a Estados Unidos el 27 de mayo de 1956. Llegaron a Nueva York, donde les esperaba Dolores, la hermana de Oriales. Un año después se mudaron a Miami, una ciudad con un clima más parecido a la isla que habían dejado atrás y más facilidades para integrarse en una comunidad que hablaba su idioma y estaba en expansión gracias a los primeros exiliados. Por allí había rondado Fidel Castro unos meses antes en busca de dinero para su guerrilla.

El primer trabajo de los Rubio en Miami fue en una fábrica de sillas de aluminio. El abuelo Pedro, que había seguido a la pareja a Estados Unidos, intentó abrir una tienda de reparación de calzado, su última ocupación en Cuba. Sin suficientes recursos, acabó montando el negocio en casa, pero consiguió pocos ingresos.

Cuando Fulgencio Batista huyó a Nueva York en diciembre de 1958, los Rubio estaban en Estados Unidos. Se calcula que ya entonces vivían en Florida entre 20.000 y 40.000 cubanos, pero los Rubio no estaban entre quienes se sentían más a gusto. Mientras miles de compatriotas llegaban a Miami huyendo de Fidel Castro, los Rubio estaban pensando en volver a la isla. Sus motivaciones no eran políticas. Sus intentos de crear negocios no habían ido bien y creían que los aires nuevos en su país tal vez harían mejorar la economía.

Su empeño en buscar mejores trabajos pasó durante años por mudanzas y cambios radicales para su familia. Los Rubio probaron y seguirían probando en distintos lugares. Marco Rubio suele resumir los traslados de su familia por Estados Unidos con la misma broma: su padre intentó vivir en Nueva York pero le pareció «demasiado frío», trató de hacerlo en Miami pero lo encontró «demasiado duro» y después probó en Los Ángeles, que le resultó «demasiado California».

Entonces Miami era una ciudad más tranquila y con menos habitantes. En Miami Beach no había rascacielos. Era una playa donde algunos norteños iban a pasar el invierno y que se cerraba durante el verano, demasiado caluroso y huracanado para los turistas. «Todo el mundo fue testigo de cómo los exiliados transformaron Miami», dice la locutora Ninoska Pérez, quien entonces era una niña y acababa de llegar con sus padres a la ciudad.

En el verano de 1960, la familia Rubio volvió a Cuba, donde Pedro había regresado el año anterior y trabajaba como contable para el Ministerio de Hacienda del nuevo Gobierno. Mario y su hijo mayor se llevaron el coche y tomaron la popular línea de ferry que conectaba Florida con la isla. Oriales y Bárbara, la hija que ya había nacido en territorio estadounidense, volaron a La Habana. El ferry y los vuelos regulares dejarían de existir cuando el presidente John F. Kennedy impusiera restricciones de viaje en febrero de 1963; tendrían que pasar más de cinco décadas para la vuelta de los servicios de transporte turísticos entre Cuba y Estados Unidos.

Los Rubio no lo sabían entonces pero estaban aprovechando los últimos momentos de relativa normalidad para viajar entre los dos países.

A las pocas semanas de su estancia en Cuba, Mario Rubio entendió que la vuelta a casa no había sido una buena idea. Su hermano Emilio le contó sobre las primeras detenciones y la confiscación de bienes y le aconsejó que volviera a Estados Unidos. Unos días después se fue con su mujer, con su hijo Mario y con su hija Bárbara. Nunca regresaría a Cuba. Nunca volvería a ver a Emilio ni a sus otros dos hermanos.

«Siempre he estado inmensamente agradecido a mi tío Emilio

por haber avisado a mis padres en el momento en que lo hizo. Si hubiera dudado, yo habría vivido una vida muy distinta», escribe Marco Rubio.

Rubio también estuvo a punto de no conocer a su abuelo. Pese a los miedos de su familia aquel verano de 1960, Pedro decidió quedarse en La Habana. No quería más fracasos en Miami, estaba cansado de depender de sus hijas y pensaba que podía prosperar en un lugar que controlaba mejor.

La tendencia a su alrededor era la contraria. Se estima que entre 1959 y 1962 más de 220.000 cubanos llegaron a Estados Unidos. Más de 14.000 eran niños que viajaban solos dentro de la Operación Pedro Pan, una forma de evacuación que empezó a notarse en los colegios cuando Pedro García estaba de vuelta intentando recuperar su antigua vida.

Entre enero de 1961 y septiembre de 1963, Estados Unidos acogió a hijos de padres que temían que el régimen comunista les arrebatara a sus pequeños para adoctrinarlos e incluso mandarlos a granjas soviéticas tras la expulsión de religiosos y el cierre de los colegios privados. El currículum académico en Cuba cambió y hasta los libros de matemáticas mostraban guerrilleros comunistas en lugar de peras o manzanas para enseñar a contar. Pero los rumores sobre la pérdida de derechos parentales eran exagerados y algunos en Miami hablaron después de la «estafa» de Estados Unidos.

Los niños viajaban solos y eran recibidos a su llegada por familiares en Florida o por la organización católica que dirigía Bryan Walsh, un cura de la archidiócesis de Miami al que el Departamento de Estado dio permiso para firmar visados y repartirlos en Cuba con la ayuda de James Baker, director del colegio americano en La Habana. Cuando llegaban, si los niños no tenían familiares en Florida, Walsh los distribuía en cuatro campamentos en Miami y sus alrededores: Florida City, Kendall, Matecumbe y Opa-locka. Después, buscaba alojamiento temporal en casas de acogida, internados y orfanatos por todo el país, en todos los estados menos en Alaska y Hawái. Algunos de aquellos niños llegaron con vuelos que pasaban por México o por España.

El plan fue secreto durante meses. Cuando el cura salió a pedir ayuda en público para colocar a los adolescentes, sobre todo chicos, el periodista del *Miami Herald* Gene Miller contó los primeros detalles de los viajes y bautizó las llegadas como la «Operación Pedro Pan» en un artículo del 9 de marzo de 1962. El nombre era apropiado para las salidas súbitas de los jóvenes cubanos. Los niños desaparecían de manera repentina de sus escuelas en La Habana. Sus padres recibían un telegrama en el que se los citaba en las próximas horas en el aeropuerto y los niños viajaban a esa «Tierra de Nunca Jamás» llamada Florida.

Los que no fueron recibidos por parientes cuentan historias de aislamiento y tristeza en una operación que los dejó en un país extraño de la noche a la mañana, a menudo después de su primer viaje en avión.

Alicia Delgado, una mujer locuaz y hoy jubilada de su trabajo como asesora universitaria para los colegios en Miami, recuerda lo dura que fue su experiencia al encontrarse en otro país, lejos de su familia y de sus costumbres. Repite la fecha de su llegada con solemnidad: el 2 de julio de 1961. Tenía 15 años.

Sus peores recuerdos vienen del año que pasó en un pueblo de Illinois llamado Beaverville, 130 kilómetros al sur de Chicago. Allí le tocó ir con una veintena de jóvenes cubanas. «Era un colegio casi destruido, con muy pocas estudiantes. Las americanas no se juntaban con nosotras. Hacía mucho frío», recuerda Delgado. Ella había estudiado en La Habana en el colegio americano y siempre había recibido una educación laica. En Illinois, el centro de acogida era un colegio católico. «Fue un shock cultural para mí porque nada más llegar me mandaron a un colegio de monjas. Llevaban togas largas y tocas como en *Sister Act*.»

El colegio que recuerda Delgado era de monjas francesas del Sagrado Corazón. Su percepción de que el lugar estaba en las últimas se ajustaba a la realidad: cerró en 1969, después de acoger a las chicas Pedro Pan. El pueblo tenía dos centenares de habitantes y la mitad de ellos estaban en la escuela femenina. Delgado consiguió reunirse con su madre en Miami al año siguiente. Su padre salió de Cuba pero murió en México antes de poder ver a su hija.

Entretanto en Cuba empezaba la persecución a quienes intentaban pasar visados para la salida de los niños. En aquel contexto de incertidumbre y miedo, Pedro Víctor García se dio cuenta de que el futuro en la isla sería más complicado de lo que pensaba cuando volvió, dispuesto a quedarse allí y a visitar de vez en cuando a la familia en Miami. Su mujer, Dominga, seguía viviendo en Estados Unidos.

En 1961, Pedro tuvo un accidente mientras se subía a un autobús y se rompió la pierna buena, según cuenta Marco Rubio. Junto a sus dos hijos mayores, Oriales viajó en marzo de aquel año una vez más a Cuba para cuidar a su padre. Fue la primavera de la invasión de Bahía de Cochinos.

A la hora de regresar, le aguardaba un susto que casi acaba cambiando la historia de la familia Rubio. Después de un mes de estancia y cuando se disponía a volver a Miami, le informaron en el aeropuerto de La Habana de que no podía dejar Cuba. Según una nueva norma improvisada en medio de la tensión diplomática, sólo tenía derecho a viajar su hija Bárbara, que entonces tenía dos años, porque era la única que había nacido en Estados Unidos. Durante varios días, Oriales volvió al aeropuerto para suplicar a los guardias que la dejaran embarcar en un avión para reunirse con su marido, que la esperaba en Miami. Después de varios intentos, un agente se apiadó de ella y la dejó volar con sus hijos. Oriales nunca volvió a Cuba.

Inquieto por lo que veía a su alrededor, Pedro Víctor García también decidió marcharse. En agosto de 1962, pidió unas vacaciones en el trabajo y cogió un avión a Miami. En su caso no lo pararon en Cuba pero sí en Estados Unidos. No tenía visado y fue detenido en el aeropuerto nada más llegar a Florida, según las reglas estadounidenses de entonces, que no eran tan flexibles con los cubanos. En lugar de mandarlo de vuelta a la isla, como se hizo aquel año con unas docenas de cubanos, las autoridades lo convocaron para octubre a una cita en un tribunal de inmigración.

La grabación de aquella audiencia la reproduce Manuel Roig-Franzia en su libro *The Rise of Marco Rubio* de 2012 y está hoy en los archivos del Gobierno de Estados Unidos. «No tenemos partidos políticos. No me opuse a Fulgencio Batista. No me opongo a nada», dijo Pedro Víctor García. El tribunal sospechaba de él por su trabajo al servicio del régimen castrista, aunque para el cubano fuera sólo una manera de subsistir.

«No estaba a favor del Gobierno de Castro. Pero tenía un empleo y tenía que seguir trabajando con el Gobierno que me lo había dado. Sabía que no estaba bien lo que hacían y sabía que iba a ser una dictadura.» Pedro explicaba a través de un intérprete ante el tribunal de inmigración que no quería que lo mantuvieran sus hijas en Miami, donde no lograba encontrar un trabajo estable. En su testimonio, también mencionaba que en aquellos días podría estar «en peligro» si volvía a Cuba. Aquel mes fue la crisis por la instalación de misiles nucleares soviéticos en Cuba, sin duda un mal momento para el regreso de un cubano que había vivido en Estados Unidos.

Por su insistencia en sus condiciones económicas y el poco interés que sentía por el régimen, Pedro no fue considerado un exiliado político sino un inmigrante que no había respetado las reglas. El juez ordenó su deportación.

Cumplir esa orden, sin embargo, dependía de Pedro, que tenía que volver a Cuba por sus propios medios. No lo hizo. Se quedó en un limbo legal hasta que el Congreso de Estados Unidos aprobó en 1966 las normas que durante décadas garantizaron la entrada de los cubanos con unas facilidades que no se conceden a ninguna otra nacionalidad. La *Cuban Adjustment Act*, conocida en Miami como ley de ajuste cubano, permite que cualquier ciudadano de la isla que haya entrado en el país a partir del 1 de enero de 1959 y haya estado un año y un día en Estados Unidos obtenga el permiso de residencia.

Así fue como Pedro consiguió sus papeles en septiembre de 1967. Su hija Oriales y su yerno Mario ya tenían la residencia y lograron la ciudadanía americana en 1975.

Entonces su hijo Marco Antonio Rubio, nacido en Miami y por

ello ciudadano estadounidense, tenía cuatro años. Su vida habría sido diferente sin su abuelo cerca.

El abuelo Pedro fue su gran referente en los primeros 13 años de su vida. Era el hombre que le contaba historias y le hablaba de los políticos americanos o de la Segunda Guerra Mundial. Lo hacía sentado en una silla de aluminio en el porche de su casa mientras fumaba un cigarro, a menudo vestido con traje y corbata. Marco y sus hermanos lo llamaban «Papá», en español.

«La influencia del abuelo de Marco puede sentirse. La sabiduría de un adulto unida al conocimiento de un hombre sencillo hizo unas marcas muy profundas en la vida de Marco», cuenta Rebeca Sosa, la madrina política de Rubio.

Pero las peripecias de Pedro también se cruzaron de una manera insospechada en la carrera de su nieto. La aventura de idas y venidas de Cuba sucedió cuando no habían nacido ni Marco ni Verónica, la hija pequeña de Mario y Oriales. Puede que no se hablara de los detalles en casa o puede que los niños entendieran sólo trozos del relato y nunca se molestaran en conocer los pormenores. O puede que al político le conviniera otra versión. Pero la primera historia que el candidato contaría un día sobre sus padres y sus abuelos sería bien distinta.

En su campaña al Senado de Estados Unidos, contó poco sobre las circunstancias de la llegada de su familia a Florida pero la identificó con la de los exiliados que habían huido de Cuba sobre todo por motivos políticos. Dio fechas distintas sobre el traslado de sus padres a Estados Unidos: 1958 y 1959. La que quedó fue la que coincidía con el ascenso de Fidel Castro. Era la que utilizaba en sus discursos y en la mayoría de aquellas primeras entrevistas nacionales, aunque dejara cierto espacio para la vaguedad. En Fox News y en la emisora local de Tampa repitió la coletilla «a finales de los años cincuenta». En otra entrevista en Fox dijo «58, 59».

En octubre de 2011, cuando ya era senador, tuvo que cambiar su historia oficial. En la biografía que aparece en la web del Senado decía: «Sus padres, nacidos en Cuba, vinieron a Estados Unidos después de la toma del poder de Castro». El *Washington Post* y el *St. Petersburg Times* publicaron después la versión correcta de la llegada de su familia: en mayo de 1956.

Para entonces, Rubio ya sabía que la formulación de su biografía oficial no era correcta. En septiembre de 2011, durante una entrevista con el *Miami Herald* sobre la preparación de su autobiografía, Rubio dudaba sobre los años: 1957, 1958 o 1959. Interrogado directamente sobre si sus padres y su abuelo habían emigrado a Cuba antes o después del ascenso al poder de Castro, Rubio contestó: «Antes».

En octubre, el senador dio las primeras explicaciones sobre una historia que no conocía a fondo pero que según él seguía teniendo un valor parecido:

> El dolor de mis padres por la separación permanente de su lugar de nacimiento, su imposibilidad de visitar el lugar y mudarse allí, fue una parte importante de nuestra educación. Eran inmigrantes pero también eran exiliados. Ésa es la esencia de mi historia. Visto a posteriori, me hubiera gustado saber las fechas. Pero no eran relevantes para la parte importante de lo que fue mi experiencia.

Su biografía del Senado se cambió ese mes: «Marco nació en Miami en 1971, hijo de exiliados cubanos que llegaron a Estados Unidos en 1956».

En abril de 2012, cuando el *Washington Post* publicó la información de la orden de deportación de Pedro Víctor García, la oficina del senador defendió que el evento del que Rubio nunca había hablado antes era la prueba de que su familia había sido refugiada política. «Su abuelo actuó de manera valiente para escapar de la Cuba de Castro después de Bahía de Cochinos. El relato de la huida desesperada de su abuelo es la quintaesencia de la historia del exilio», decía un portavoz en un comunicado. «No tenía el derecho legal de estar aquí, pero Estados Unidos no iba a deportar a un anciano a una dictadura comunista», dijo después Rubio a la revista *Time*.

El recuerdo de los problemas legales de su abuelo lo perseguiría después en las negociaciones de la reforma migratoria y en su defensa del cumplimiento de las reglas por parte de los que intentan llegar a Estados Unidos. De pronto, tuvo que defenderse de las acusaciones de «hipocresía» de los demócratas y de las suspicacias de los republicanos más conservadores.

En 2015, la biografía en la web del Senado, escrita en primera persona, cambió una vez más. El texto se ajustó mejor al mensaje más conveniente para su carrera hacia la Casa Blanca:

> Mis padres vinieron a América desde Cuba en 1956 y se ganaron el camino hacia la clase media trabajando en puestos humildes, mi padre como camarero de hoteles y mi madre como limpiadora, cajera y dependienta. A través de su ejemplo entregado y poderoso, aprendí la importancia del trabajo y la familia, y me convencí de que todo es posible en América.

3

La ciudad

La calle Trece de West Miami acaba en un recodo sin salida. Las mejores casas del barrio están aquí, bien pintadas y sin desconchones. La mayoría tienen dos plantas, ventanales, piscina y jardines cuidados.

En este rincón sólo suelen entrar los coches de los vecinos, y los niños juegan al baloncesto en medio de la calle o en la cancha de su patio abierto. El único ruido es el griterío de los jóvenes y el runrún lejano del tráfico que siempre acompaña en esta ciudad pegada a Miami.

Según el censo, unas 6.000 personas viven en menos de dos kilómetros cuadrados. El 90 por ciento se identifican como hispanos y casi dos tercios han nacido en otro país. La renta familiar está por debajo de la media de Florida pero también hay menos pobres y menos desigualdad.

En octubre las pancartas electorales compiten en las entradas con la decoración de Halloween. Una casa está cubierta con una tela blanca al estilo de una telaraña poblada de cangrejos y langostas. Es el toque local en un mes en que el termómetro supera los 25 grados.

Al final de la calle cortada, se encuentra la residencia de color beige, dos pisos y aspecto cuidado donde vive Marco Rubio. Delante de la puerta están aparcados un todoterreno deportivo y una camioneta. En el jardín está plantada una señal de fondo azul con dos palitos de Christ Fellowship, la congregación protestante a la que el líder republicano acude los sábados con sus cuatro hijos y con su mujer a pesar de ser católico.

A cinco minutos en coche, está la casa que el padre de Rubio compró en 1985 y donde hoy viven su hermana, su cuñado y su madre. Es un edificio de muros de color granate y una sola planta rodeado de viviendas con paredes agrietadas.

La casa familiar encaja con el aspecto originario de West Miami, un área residencial modesta que ha ido cambiando durante las últimas décadas. La casa del político, en cambio, es una de las más caras y representa la nueva ola de residentes más pudientes. Le costó 550.000 dólares en el año 2005. Tiene piscina y un aspecto impecable que no se ve en otras calles de la ciudad.

En cuanto uno conduce unas manzanas, el panorama comercial muestra un lugar modesto donde los cambios llegan más despacio que en otras zonas del condado. Las tiendas que quedan más cerca son las de la calle Ocho. Allí, en una esquina, se anuncian muebles «a crédito», y cuesta encontrar carteles que no estén en español, a veces mezclado con el inglés: «Cafetería Restaurant», «Se vende barato» y «Jesucristo es la solución», que es el nombre de una iglesia pentecostal.

La zona fue siempre uno de los destinos favoritos de los hispanos de clase media, que encontraron aquí un lugar barato, tranquilo y con pocos lujos pero cerca de los colegios públicos con buena fama. Uno de sus atractivos es su cercanía a Coral Gables, un barrio rico delimitado por arcos de piedra, un lugar de calles con frondosas higueras de Bengala donde se encuentran una tienda con toldos redondeados que vende Ferraris y Porsches y las residencias de Jeb Bush y del cónsul español. En 2015, se puso a la venta aquí la segunda propiedad más cara del condado: una mansión de 2.000 metros cuadrados con árboles de baobab al precio de 67 millones de dólares.

En West Miami, hay menos árboles y los que hay están más esmirriados. Las tiendas más habituales son *bakeries*, puestos de lavado de coches y tiendas con descuentos. Pero sus vecinos dicen que es un buen sitio para vivir.

Es habitual encontrar cubanos que lograron comprar en West Miami su primera propiedad en Estados Unidos, a menudo después de algunas tribulaciones. Los padres de Marco Rubio, Mario y Oriales, llegaron aquí después de un periplo en busca de mejor fortuna por el país. Él trabajó como camarero y como conserje. Ella, como limpiadora de hotel y como ayudante de su marido. Sólo cuando sus hijos eran adolescentes pudieron comprar una casa aquí. Los precios han ido subiendo, pero aún es una buena opción para las familias jóvenes o los jubilados que viven de su pensión pública.

Para la familia Rubio, West Miami fue el final de un viaje más largo que el de otros vecinos.

Los primeros recuerdos de la infancia de Marco se remontan a los juegos con su hermana en el trastero de un edificio de apartamentos llamado Toledo Plaza, donde sus padres trabajaban y en cuya primera planta la familia tenía alojamiento gratis. En principio, parecía una gran oportunidad. El edificio estaba en un barrio cercano al aeropuerto, de clase obrera cubana; el puesto era mejor que el de camarero que tenía Mario hasta entonces y el complejo ofrecía espacio para los niños. Un amplio patio trasero con dos grandes palmeras y dos columpios era entonces «el paraíso», según cuenta el político.

«La vida iba bien», escribe Rubio en su autobiografía. Así fue hasta que los propietarios del Toledo Plaza vendieron el edificio. Lo hicieron sin avisar siquiera a los empleados. Los nuevos propietarios se presentaron un día en la oficina donde trabajaban Mario y Oriales, cambiaron los cerrojos e informaron a los cuidadores de que ya no necesitaban sus servicios y de que tenían siete días para dejar su apartamento.

Mario encontró un trabajo similar en un edificio en Hialeah, un gran centro hispano emergente pero esta vez sin casa incluida. Cada mudanza era un cambio de colegio para sus hijos y la familia empezaba a sufrir. El trabajo no duró el tiempo que esperaba Mario y pronto acabó echando una mano en una tienda de pintura de un pariente y dependiendo de otros familiares. El negocio era inestable y los Rubio veían pocas oportunidades en una ciudad que estaba en decadencia a finales de los setenta. Ni siquiera sobraban los puestos de camarero en los hoteles de Miami Beach, donde unos años antes Mario había podido elegir colocación.

El trabajo no llegaba y las noticias de «otro hispano asesinado en la guerra de las drogas» se multiplicaban. En 1979, los Rubio decidieron mudarse a Las Vegas, donde tenían familia.

Era justo en el momento en que Miami empezaba a ser apodada por periodistas y políticos «la capital del crimen de América».

«Este fin de semana, un hombre murió acribillado por balas. Otro murió cuando le cortaron la yugular con un cuchillo. Otro murió después de que lo arrastraran fuera de su coche y le dispararan. Una mujer murió por disparos de pistola», empezaba un artículo del *New York Times* el 11 de agosto de 1981, en uno de los veranos más sangrientos de la historia de Miami. La noticia contaba que la morgue tenía que alquilar un camión refrigerado para meter hasta 35 cadáveres extra porque en las cámaras habituales ya no cabían los cuerpos que llegaban cada día. La mayoría de las víctimas estaban relacionadas con el tráfico de drogas.

En 1978, hubo 243 asesinatos en el condado de Miami-Dade. En 1980, 515. El año 1981 terminó con 622 homicidios y fue el año con más crímenes de la historia en Miami según los datos oficiales. La policía lo atribuía al tráfico de cocaína y al crack, a la tensión racial y a la recesión. Pero también al «éxodo del Mariel», llamado así por el puerto cubano desde donde los inmigrantes salían hacia Miami. Entre abril y octubre de 1980, el régimen castrista había dejado salir de Cuba a más de 125.000 personas, entre ellas, según los datos de Inmigración, 1.200 con historial de crímenes peligrosos y 600 con problemas mentales. Más de 7.000 *marielitos* acabarían en cárceles de Estados Unidos. La grabación y las fotografías de la llegada a Key West en mayo de 1980 de un barco con 700 personas, muchas tatuadas, desdentadas y con actitud agresiva, apuntaló la mala imagen de los que llegaron ese año.

La gran mayoría de los *marielitos* no había cometido ningún delito, pero el estigma era tan fuerte que muchos negarían después haber llegado a Estados Unidos en 1980. La policía atribuyó el aumento del crimen en Miami también a las nuevas llegadas. «En un año, nos cayeron otros 10.000 asesinos y ladrones», decía Mike González, del departamento de homicidios de la ciudad. Marco Rubio también recuerda haber escuchado insultos contra sus padres en Las Vegas, donde los llamaban despectivamente «marielitos» y les pedían que volvieran a Cuba.

Marco tenía 15 años cuando su familia regresó a Miami en el verano de 1985. La ciudad seguía siendo uno de los núcleos urbanos más peligrosos del país, escenario habitual de disturbios en los barrios negros y del tráfico de drogas y armas en tramas conectadas con Latinoamérica. Aquel adolescente volvía a lo que de repente era una tierra extraña, después de años entre negros e hispanos de origen mexicano que poco tenían que ver con la comunidad cubana de Miami.

Acostumbrado a hablar inglés en el colegio en Las Vegas, Marco chocó con sus nuevos compañeros de Miami, quienes lo llamaban «gringo» y se reían de su estilo «americano» de vestir, informal y sin marcas. Pero aunque entonces no se lo pareciera, tuvo la suerte de aterrizar en West Miami, un refugio alejado del crimen donde sus padres encontraron la estabilidad. La pequeña ciudad donde debutaría el político y donde se quedaría con su propia familia años después.

La señal de piedra «Welcome to West Miami» está justo al lado del Latin American Bakery & Café, aunque la mayoría del barrio es residencial. Las casas alineadas tienen alguna bandera americana, cerámicas con la numeración y canastas de baloncesto. En un mundo de coches, se ven pocos peatones caminando por las aceras.

La mayor animación se encuentra en Cooper Park, donde los niños juegan al béisbol, al fútbol y al fútbol americano al salir de clase. La mayoría de los padres hablan español aunque algunos bebés ya balbucean en inglés. Una bandera americana gigante preside el parque, que también tiene un busto de Abraham Lincoln donde corretean las lagartijas. Hay palmeras y plantas exóticas que rodean un kiosco para que toque música la banda de turno o dé un discurso algún político de la ciudad. Junto al parque un colegio se presenta con el letrero en español.

El calor suele ser pegajoso pero los vecinos están acostumbrados y resisten. Una tarde de febrero estalla la tormenta y empieza a llover de manera torrencial. Pocos aceleran el paso. Algunos llevan paraguas y chanclas. El chaparrón dura unos minutos y cuando para sigue haciendo calor. En Miami hay 28 grados mientras en Nueva York hay cero.

Las casas por aquí son más grandes que las de la calle Trece donde vive Marco Rubio. Tienen muros anchos de color verde, rojo o crema. En el jardín de una vivienda se ve un pequeño yate aparcado.

El otro gran punto de encuentro de West Miami es el polideportivo, que se llama Centro Recreativo Rebeca Sosa, en honor a la política republicana que ha marcado la vida de la ciudad desde 1994.

El centro fue fundado en 1953 y lo dirige Jim Gestwicki, que trabaja en el centro desde 1981.

Gestwicki nació en Dunkirk, una pequeña ciudad al borde del lago Erie, cerca de Buffalo. Estudió en la Universidad de Saint Michael de Vermont, un centro católico donde había más de 400 estudiantes extranjeros gracias a un programa de humanidades muy popular. Allí se hizo amigo de paraguayos, colombianos, venezolanos y mexicanos. Así aprendió español. Fue la lengua que lo ayudó a conseguir un empleo para el Gobierno federal. A principios de los años setenta, lo mandaron a Miami porque se necesitaban entrevistadores bilingües en la zona. Pero Gestwicki tenía otra vocación. Siempre le había gustado el deporte. Había practicado de todo, incluyendo fútbol, baloncesto, béisbol y atletismo. En la Universidad jugaba en el equipo de baloncesto. Cuenta ahora el director, siempre atareado entre la preparación del presupuesto y los cursos especiales:

Un día de 1974, visité el centro recreativo de West Miami y me recordó a mi ciudad. La gente era muy simpática y me sentí cómodo. Me ofrecí como entrenador voluntario. Fui voluntario durante seis años. Me compré una casa a dos manzanas del centro y acabé dejando mi empleo público. Tuve la suerte de descubrir que mi propósito en la vida era trabajar con los jóvenes y dar oportunidades para que crecieran en un ambiente «bueno, limpio y divertido». El deporte es un medio para alcanzar ese objetivo.

Allí jugaba Marco Rubio. Entonces el polideportivo disponía de más espacios abiertos, un gran campo para jugar al béisbol y varias canchas de tenis. El edificio principal tenía persianas metálicas en acordeón en lugar de ventanas y no había aire acondicionado. Fue así hasta que en 2010 se construyó un nuevo edificio, que hoy alberga a unos 200 jóvenes visitantes cada día durante el verano y algo menos el resto del año. Hasta 1996, el entrenador o su ayudante llevaban a los niños de excursión en un solo autobús del centro. Ahora alquilan tres o cuatro para transportar hasta 165 escolares en cada viaje.

«Siempre ha habido un cierto orgullo en poder decir que creciste y estuviste en el "Rec". Eso sigue siendo así», cuenta Gestwicki. Así lo era también para Marco Rubio cuando estaba en el instituto e iba por las tardes al centro con sus compañeros de clase. Jugaba al fútbol americano y al baloncesto, donde acabó metido en la liga de adolescentes y de adultos.

Gestwicki ha visto pasar a muchos chicos «de camino a convertirse en adultos», pero todavía recuerda una noche en que estaba cerrando y Marco se le acercó a darle conversación. El chico le preguntó por un asunto en la agenda del concejo de West Miami. Marco tenía 16 años y el entrenador se sorprendió de que el jovenzuelo estuviera interesado en un asunto político. Interrogó al chico sobre por qué le importaba aquello. «Me contestó: "Porque quiero ser presidente de Estados Unidos". Entonces no sabía cómo de lejos le iba a llevar su sueño», cuenta el entrenador.

En el centro recreativo West Miami, Marco Rubio encontró a su mujer, Jeanette Dousdebes, que jugaba allí al voleibol. La conoció cuando él tenía 19 años y ella 17.

En West Miami también descubrió su vocación y libró sus primeras campañas en la política local.

Para entonces el control de la administración ya estaba casi exclusivamente en manos de políticos de origen hispano.

La llegada de los cubanos había cambiado el equilibrio de poderes por todo el sur de Florida. En 1960, un 5 por ciento de la población del condado de Miami-Dade se definía como hispana. Dos décadas después, el porcentaje era del 35 por ciento. En 2010, del 65 por ciento, es decir más de millón y medio de personas.

Los cambios habían transcurrido entre tensiones.

> Quienes no son latinos suelen ser tolerantes con sus nuevos vecinos, pero casi siempre repiten dos estereotipos de los cubanos: que son demasiado ruidosos y que quieren tomar el control de los negocios y el gobierno de Dade. Es correcto concluir que los latinos y los *anglos* viven en cada etapa de su vida en dos mundos separados, separados por la cultura, la lengua, la suspicacia y la hostilidad.

Esto escribía el estudiante Eduardo A. García en el ensayo de diciembre de 1978 *El impacto de la inmigración hispana en Miami y sus alrededores*, que se publicó en el boletín de la Asociación Histórica del Sur de Florida.

Sin embargo, el ascenso de los políticos hispanos era imparable. En 1973, el condado se declaró oficialmente bilingüe y empezó a imprimir papeletas y carteles de información pública en español. En esa década, 14 de los 67 bancos locales ya estaban en manos de hispanos y los hispanos eran los más activos en la creación de pequeñas empresas. Pero los cubanos tardaron décadas en involucrarse en la política local, ya fuera por voluntad propia o por discriminación.

A principios de los ochenta seguía sin haber ningún concejal de origen hispano. En 1985, por primera vez un cubano fue elegido alcalde: Xavier Suárez, ingeniero y abogado formado en Harvard. Pero en 1986, en el 150 aniversario de la fundación de Miami-Dade, el *Miami Herald* pidió a cuatro historiadores locales que hicieran una lista de «las personas más influyentes del condado» y ninguno incluyó nombres cubanos.

Entre los *anglos* había condescendencia hacia los cubanos, pero la realidad era hispana e hispanohablante. «Lo que es inusual sobre el español de Miami no es que se hable sino lo mucho que se escucha», escribía Joan Didion en 1987 en su libro *Miami*. En Los Ángeles, según ella, los *anglos* consideraban el español «sonido ambiente» que venía de quien les servía un plato, lavaba su coche o podaba sus árboles. En Miami, el español lo hablaba «la gente que come en los restaurantes y es dueña de los coches y de los árboles». La escritora contaba que una de las pegatinas más populares en Miami decía: *Will the Last American to Leave Miami Please Bring the Flag*.

Marco Rubio era aún un adolescente cuando quienes habían venido de Cuba compraban casas, abrían negocios y cambiaban la lengua de la calle. Los cubanos tenían ganas de estabilidad y solían encontrarla en lugares como West Miami. Muchos de sus vecinos de entonces son los mismos que viven aquí hoy.

Es el caso de Tania Rozio, que sigue viviendo a cinco minutos en coche de la casa de Marco Rubio. En West Miami se cruzaron sus carreras políticas. Era 1998. Entonces Rubio tenía 26 años y Rozio, 52. El joven era un aprendiz de abogado que trabajaba en un bufete y que nunca había tenido un cargo público aunque había aprendido un poco de política como voluntario en dos campañas nacionales. Ella llevaba cuatro años como concejala de urbanismo de la localidad.

Cuando se enteró de quién era su oponente, Rozio no lo consideró una amenaza. «Creo que este muchacho es muy joven. Todavía está mojado detrás de las orejas», pensó entonces, según cuenta ella, que ahora es una sesentona bien conservada y encantada de recordar. Recibe afable en su casa y enseguida se encariña con los desconocidos.

Ella trabajaba como agente de seguros y quiso meterse en la vida pública después de estar en el consejo del colegio de sus hijas y de cogerle el gusto a debatir, un rasgo clásico de West Miami casi desde su fundación. Su marido también tenía un cargo en el ayuntamiento que no estaba asociado a ningún partido y por el que no cobraba un sueldo. La pareja nació en Cuba, como la inmensa mayoría de sus vecinos.

«La alcaldesa era cubana. El vicealcalde era cubano... Había uno que era hijo de cubanos. Los demás, todos nacidos en Cuba», explica en el salón de la casa donde ha vivido desde que llegó a la ciudad.

El año en que Rozio y Rubio compitieron por la concejalía de West Miami, la alcaldesa Rebeca Sosa fue reelegida por tercera vez en una carrera en la que no tuvo oponente. Sosa fue la primera que ayudó a aquel veinteañero. Conocía a su madre, una vecina que le hablaba muy a menudo de su hijo pequeño, Tony, un diminutivo de su segundo nombre. «Oria siempre estaba con "mi hijo, mi hijo"... Marco vino cuando ellos ya tenían hijos mayores. Entonces tú tiendes a verlo como hijo y como nieto», cuenta Sosa.

La presidenta del partido republicano local se lo había presentado unos meses antes. Pero Sosa no podía decir que lo conociera cuando el joven Rubio se plantó en su casa una tarde para hablar de las elecciones. Sosa estaba poniendo las luces de Navidad en el jardín del chalet donde sigue viviendo en la ciudad. En la oficina donde ejerce ahora su labor como comisionada del condado de Miami-Dade, Sosa recuerda:

> Él quería *correr* y me dijo que le habían dicho que si yo no lo ayudaba no ganaría. Yo lo miré y pensé: «Tan joven». Pero cuando le pregunté por qué quería correr para concejal, la contestación que me dio fue tan profunda, tan fuerte, tan verdadera, que dejé todo lo que estaba haciendo y dije: «¡A tomar café!». Fui para adentro, me puse a colar café, nos sentamos a una mesa y empezamos a intercambiar ideas. Lo demás ya es historia.

Hoy es difícil no encontrar a Sosa en un acto público de Rubio, al que considera su ahijado político desde aquella elección.

En cada sala de su oficina, situada justo encima de una sucursal del Banco Interamericano, hay fotos de Rubio con Sosa, algunas dedicadas con palabras de agradecimiento a la «madrina» en inglés y en español. En la sala de reuniones, la foto en el lugar más visible y con un marco dorado grande es de Rubio con Sosa durante la campaña al Senado.

«Aquí Marco acababa de salir electo en West Miami... Aquí en Radio Mambí... Aquí cuando estaba aspirando a senador... Aquí cuando él me tomó juramento cuando fui electa para la comisión... Aquí cuando yo fui a Washington a reunirme con él... Aquí cuando juró de senador», enumera Sosa, haciendo el tour por su despacho, la entrada y la gran sala donde trabaja en cubículos el personal.

Sosa también enseña fotos en su móvil, que lleva por detrás una pegatina con el logo de la campaña presidencial de Rubio: tiene imágenes del político con su hija recién nacida, de la boda del hijo de Sosa o del último acto con voluntarios de la campaña de su pupilo. Dice que hace mucho que no lo llama Marquito y que pasó sin darse cuenta a llamarlo primero Marco y luego «senador». «Es mi bebé. Tengo muchas personas que quiero, pero él siempre ha sido especial. Nunca me ha defraudado», dice.

Bromea con que va a ponerse «celosa» cuando la prensa escribe que fue Jeb Bush quien guió a Rubio. «La mentora política tuya fui yo y me estás quitando el título», le dice Sosa al candidato que ha visto crecer.

La política sonríe y ríe a menudo y habla sin esperar preguntas. Menciona los bosques de eucaliptos que eran propiedad de su familia paterna y que ha donado a una iglesia en Ferrol y habla de sus ancestros españoles: de los negocios de telares que llevaron a su familia de España a Cuba y de su abuelo pescador.

Lleva un polo naranja con su nombre y su cargo bordados. Su nombre también aparece en el coche que está aparcado en la puerta y en el calendario que se reparte a la entrada, en una mesa junto a todos los folletos informativos para los ciudadanos del condado, algunos sobre el nuevo mercado de seguros y otros sobre cómo convivir con cocodrilos o qué hacer con «una camada de gaticos».

Antes de empezar la entrevista, Sosa se pinta los labios aunque no está prevista ninguna sesión de fotos. «Me molestan los labios si no los tengo pintados», explica. Cada noche antes de meterse en la cama se pone «perfume y *lipstick*» para verse mejor al día siguiente al despertar. Tiene el pelo corto y cuidado con mechas claras y se da un aire a

Dilma Rousseff, la presidenta de Brasil. Le gustan los pendientes de bolas oscuras y los collares de pasta grandes.

Su trato afable ha ayudado a Sosa a hacer amigos de bandos muy distintos en la bronca política de Miami. Un político demócrata que se dice amigo suyo la llama Betty Boop. Algunos admiten que es excepcional que en West Miami no haya habido escándalos ni fraudes, como es habitual en la política local del sur de Florida. Otros atribuyen su popularidad a la facilidad con la que conecta con distintas comunidades y creen que puede tener que ver con la diversidad de sus orígenes.

Sosa nació en Camagüey (Cuba), de padres de origen español. Pero se crió en Puerto Rico y tiene una perspectiva más amplia que la de la comunidad cubanoamericana. Ella prefiere hablar de «hispanos» aunque en su oficina se sirva el café en una tacita pequeña con los colores de la bandera cubana *made in China*.

Sosa llegó a Florida en 1979 y cuenta que lo que la empujó a meterse en política fue un cáncer que le diagnosticaron a los 28 años y por el que estuvo a punto de morir. Siempre le había gustado solucionar los problemas de sus amigos y de sus vecinos. Trabajaba de maestra, pero desde muy joven era voluntaria en residencias de ancianos y se ofrecía para negociar con quien hiciera falta. Ella llamaba a los funcionarios y a los políticos locales para interceder por otros. Mientras estaba en tratamiento, su padre y su marido la animaron a presentarse. Ella cree que su objetivo era crear una «distracción» para que no pensara en su enfermedad. Les hizo caso y acabó «enamorándose» de la política.

En 1994, fue elegida alcaldesa de West Miami, donde sigue viviendo. Entonces le gustaba «ayudar a los jóvenes que podían batallar». Eso le pareció que haría aquel chico que se le presentó en el jardín mientras colocaba las luces de Navidad.

El desparpajo de Marco Rubio llamó la atención de Sosa y también de Jeb Bush, que se presentaba entonces a gobernador de Florida por segunda vez (la primera, cuatro años antes, había perdido contra el gobernador demócrata Lawton Chiles). Bush había conocido a

Rubio durante la campaña fallida a presidente del senador Bob Dole en 1996. Difícilmente podía pensar que en 2016 aquel chico prometedor sería su adversario durante las primarias republicanas en la lucha por la Casa Blanca. En su primera carrera, Bush firmó un cheque de 50 dólares a Rubio para una campaña en la que recaudó unos 10.000.

El joven supo impresionar a Bush y acercarse a la poderosa Sosa. Pero ninguna protección podía sustituir las horas de caminatas durante la campaña. «Él la hizo como yo, puerta a puerta», recuerda Rozio.

Rubio conocía bien el sistema por su experiencia como voluntario en la primera carrera del congresista Lincoln Díaz-Balart en 1992 y en la última de Bob Dole, en 1996. La rutina consiste en conseguir en el departamento electoral la lista de todas las personas registradas en el distrito. Cada día, el candidato coge una o varias páginas del elenco y se dedica a caminar, a llamar a las puertas y a presentarse. El proceso se extiende durante meses.

En este caso, las elecciones se celebraban en abril y Rubio empezó su gira en enero. Se trataba de movilizar a las personas clave dentro del millar que solían votar en los comicios locales. Consiguió que Sosa lo acompañara en algunas de esas visitas. La alcaldesa era muy popular y conocía en persona a muchos de sus votantes de West Miami, un lugar pequeño pero donde el interés por los asuntos públicos suele ser alto. «Todo el mundo decía "va a ser difícil que gane". Porque ya había otros candidatos que habían caminado dos veces la ciudad. Las personas ya se habían comprometido. Pero Marco era un candidato tan maravilloso que el pueblo vio en él las características [necesarias]», cuenta Sosa.

La alcaldesa le presentó a un activista local llamado Gerardo Ramos, que se convirtió en el acompañante más habitual de Rubio. En sus visitas se presentaban a menudo con la papeleta, el sobre y el sello puesto, sobre todo en el caso de que los residentes hubieran solicitado el voto por correo.

En 2009, Ramos se declaró culpable por haber falsificado hasta 2.000 dólares en sellos para enviar tarjetas de felicitación a los votantes. El fraude por el que estuvo dos años en la cárcel fue a Correos y a la consultora de Al Lorenzo, un *lobbista* demócrata con décadas de experiencia y recaudación para políticos de todos los partidos, incluidos Marco Rubio y Barack Obama.

Cuando Ramos hacía de chófer de Rubio o caminaba con él por las calles de West Miami por recomendación de Sosa, el activista ya tenía un historial dudoso. Había sido condenado por robo y fraude con tarjetas de crédito.

En su primera campaña, Rubio también se llevaba a su padre como acompañante. Escribe en su autobiografía:

> Muchos votantes eran reticentes a abrir la puerta a un extraño. Sobre todo a un chico joven desconocido. Pero la llamada de un cubanoamericano amigable de 72 años que quería hablarles de su hijo era una petición enternecedora y difícil de rechazar. Después de décadas de conversaciones cordiales con gente al otro lado de la barra del bar con la esperanza de que su afabilidad animara a una propina generosa, mi padre sabía cómo encandilar a la gente.

Mario se volcó en la campaña de su hijo y después también en las de quienes lo ayudaron, por ejemplo Rebeca Sosa.

El candidato prometía que llevaría más policías a la zona o que lucharía para conseguir más subvenciones, pero las conversaciones que mejor funcionaban eran las más cercanas. En Florida o en Massachusetts, sobre todo en lugares pequeños, la experiencia de campaña consiste a menudo en charlar más sobre hijos y nietos que sobre grandes asuntos. La clave suele ser el número de horas que el candidato pasa dedicado a la charleta y a tomar café con las personas que pueden votarlo.

«Llegábamos a una casa y nos daban un café cubano. Llegábamos a otra casa y nos daban otro café cubano», recuerda Sosa. Una tarde, la alcaldesa notó al candidato acelerado después de una ronda de visitas. Rubio le confesó: «Rebeca, si tomo una taza más de café cubano, voy a correr durante cuatro días y nadie va a poder detenerme».

Pese a los envíos masivos por Facebook o por correo electrónico y a las bases de datos refinadas en busca del votante perfecto, el sistema ha cambiado poco en las últimas décadas. «Ésa es la diferencia con las grandes ciudades y eso es lo que buscamos. Si alguien no viene a mi puerta, yo no lo voto. Siempre se ha hecho así», dice Tania Rozio.

Ella vive en West Miami desde 1966. Aquí se casó y aquí crió a sus hijas. Nunca se mudó de este barrio que atraía a los cubanos como ella, que tenía una familia con los recursos justos y buscaba un lugar seguro. Le gustó porque estaba cerca de buenos colegios públicos, de un parque y de un polideportivo. En el barrio muchos han visto crecer a sus hijos y a sus nietos. Los vecinos de Rozio que menos tiempo llevan en la zona se mudaron aquí hace más de una década.

West Miami se constituyó como ciudad en 1947, cuando cuatro empresarios judíos decidieron desafiar las nuevas leyes de orden público de Miami para prohibir el juego y limitar las horas de apertura de los clubes nocturnos. Las normas buscaban acabar con la corrupción y el crimen que giraba alrededor de los casinos del «pequeño Chicago» en el que se había convertido Miami. Al Capone también tenía negocios en la ciudad.

Hasta principios de los años cuarenta, West Miami era un pinar bien situado a las afueras de Miami con pocas casas y aún menos negocios, entre ellos un salón de baile de los años veinte. Parecía la sede ideal para el desarrollo del emporio del juego, el lugar donde montar casinos en la trastienda de las licorerías. Los empresarios pusieron 100 dólares cada uno y con la ayuda de los vecinos de la zona convirtieron West Miami en una entidad independiente en abril de 1947. Eran 700 personas y sólo pudieron llegar entonces a la denominación de «pueblo». La votación se celebró en la sala de juegos del club Tee-Pee y estuvo años en los tribunales porque se excluyó a las mujeres: votaron 127 hombres.

El desafío de los negociantes del juego no era en realidad tan necesario porque los ludópatas seguían prefiriendo Miami. En la Nochebuena de 1953, el responsable de la comisión contra el crimen de

Miami, Dan Sullivan, se quejaba de la invasión de jugadores «del Este, de Cuba y hasta de Las Vegas» para la sesión invernal. La tradición venía desde que en el siglo XIX se fundaron los primeros casinos ilegales y era difícil de parar. Aún más con los nuevos juegos importados de Cuba, como una lotería llamada bolita.

Pese a los intentos de control, los horarios se relajaron de nuevo en todo Miami. Eso contribuyó a que West Miami no se convirtiera en la capital del juego que esperaban sus fundadores. A principios de los años cincuenta, los jugadores ya no necesitaban un refugio especial y preferían el ajetreo y la variedad de la ciudad más grande.

West Miami había cambiado muy rápido y sus residentes tenían otros planes para la ascendiente ciudad. Entre otras cosas porque justo después de la Segunda Guerra Mundial el Gobierno donó tierras para favorecer la llegada de nuevos residentes a la zona. Pensaban en los soldados y no tanto en los inmigrantes que en pocos años se convertirían en los principales residentes de la ciudad. Primero llegaron los judíos y después, sobre todo, los cubanos.

En 1949, los precios atractivos transformaron este lugar. Construir una casa costaba entre 10.000 y 15.000 dólares. Ese mismo año se construyeron 197 viviendas y cinco espacios comerciales. Los nuevos empezaron enseguida la campaña para «limpiar» la ciudad. No pudieron evitar el éxito de dos clubes nocturnos, el Black Cat y el Tee-Pee, pero sí impidieron que las salas de juego fueran lo que definiera la zona. Con el tiempo, los clubes fueron apagándose. A finales de los años setenta, la vida nocturna de West Miami se reducía a pocos bares pequeños y a un restaurante de moda llamado Bilbao.

Así empezó una tradición de activismo más marcado que en otras partes del condado. Las primeras campañas contra el juego pronto dejaron paso a otras para asfaltar las calles, aumentar la presión del agua o reorganizar la policía. Los vecinos siempre tenían algo que decir.

«Desde 1950, la política ha sido una gran preocupación de la ciudadanía de West Miami. Ha atraído a quienes querían un cargo público de cualquier campo, a profesores, arquitectos, empresarios y otros profesionales. Se han sucedido sin parar alcaldes muy activos en una ronda continua de campañas políticas llenas de entusiasmo», escribía el 26 de abril de 1959 el *Florida Living Magazine* del *Miami News*. El diario también describía el ambiente político como «tormentoso» por elecciones muy tensas y disputas judiciales sobre los resultados.

La obsesión local era luchar por su supervivencia contra las ansias de expansión de la gran ciudad. Edwin Cooper, que entonces era el alcalde, estaba convencido de que el condado quería acabar con West Miami y que en cualquier momento le quitarían capacidad recaudatoria para reducir su autonomía. «Esperamos evitar la destrucción de nuestra ciudad», decía.

Cooper se había presentado a alcalde después de cubrir como periodista el ayuntamiento local y decidir que él lo haría mejor que la mayoría de políticos sobre los que informaba. Su batalla personal por conservar la independencia tuvo durante años el apoyo ciudadano. En 1968, West Miami votó contra la pérdida de su independencia. Optó por pagar más impuestos a cambio de no pasar competencias de servicios públicos al condado. Cooper fue alcalde durante 24 años. Sus vecinos creen que no se ha perdido el espíritu que el alcalde definió bien cuando sugirió cambiar el nombre: «Smalltown, USA».

La calle donde vive Tania Rozio sigue siendo fiel reflejo del origen de West Miami. Está formada por casitas bajas con jardín alineadas cerca de una autopista. Su casa se construyó con el dinero destinado a los veteranos. Muchos soldados habían conocido la zona por las bases militares que había en el sur de Florida. «Después de la guerra, a esos mismos soldados que habían estado aquí les gustó el clima. Les gustó la manera de vivir y no quisieron volver a los inviernos del norte. Muchos compraron», cuenta Rozio.

Su marido es un exiliado cubano que sirvió en el ejército de Estados Unidos y por eso la familia logró una casa a buen precio. Con una entrada de 500 dólares se convirtieron en propietarios. La casa tenía un solo piso y las reglas de la zona impedían ampliarla. Pero Rozio se batió como concejala para que tanto ella como sus vecinos pudieran construir un piso más.

Rozio perdió las elecciones contra Rubio cuando estaba en plena negociación pero su sustituto estaba de acuerdo con aquel empeño. «Marco siguió insistiendo e insistiendo. Tardó un tiempo pero lo consiguió. Por fin cambiaron las reglas. Ésa fue una de las cosas por las que yo luchaba más. Muchos profesionales no compraban porque las casas eran pequeñas. Dar la oportunidad de añadir a la propiedad para arriba atrae más gente y más impuestos para la ciudad.»

Ahora mira por la ventana y señala las obras cercanas. «Tenemos construcción masiva de apartamentos de lujo. Los negocios de toda la vida estaban deteriorándose. Es mejor que lo que teníamos. Hay que mirar para el futuro, las cosas van cambiando», dice.

La interrumpe su perro, que ladra para salir fuera, y las llamadas de familiares, que informan sobre la salud de un tío en el hospital. La red intergeneracional siempre está activada.

Rozio también está pendiente de su hija, que trabaja en Oklahoma en la Fuerza Aérea y cuyo esposo murió en la guerra de Afganistán. Rozio habla de cómo ayudó a una vecina a buscar asistencia pública para curar la enfermedad de su hijo y de cómo la comunidad que conocieron ella y los padres de Rubio sigue existiendo aunque haya casas más caras como el chalet en el que vive el político desde 2005. Le gusta que el senador nunca haya dejado el barrio pese a que su carrera lo llevara primero a la capital del estado y luego a la del país.

Aquel abril de 1998, Rubio ganó a Rozio por 744 votos contra 244. El joven llegó ilusionado al cargo, como refleja su primer discurso sobre la importancia de la política local y la responsabilidad de cualquier cargo público.

Tras las primeras palabras del novato de 26 años en el concejo, Rebeca Sosa y el concejal Carlos Díaz-Padrón se miraron cómplices e intercambiaron un comentario sorprendido que recordarían dos décadas después: «Es un monstruo».

También intuyeron que el sitio se le quedaría pequeño pronto. El trabajo de concejal consistía en dos reuniones al mes que empezaban a las siete y media de la tarde y solían durar tres o cuatro horas para debatir sobre árboles, impuestos de basuras o permisos de construcción. Las sesiones solían ser tediosas.

Examinando las transcripciones de aquellos años, el asunto al que Rubio y sus colegas le dedicaron más horas de reuniones fue el permiso de los negocios de lavado de coches, con un minucioso debate sobre cómo formular la ley para que en ella se incluyera o no el permiso para limpiar barcos o la hora de apertura de los negocios los fines de semana.

El asunto más cercano a la política nacional fue la declaración de West Miami contra el Departamento de Inmigración por la orden de deportación de Elián González, el niño balsero acogido por parientes cubanoamericanos en Little Havana. El concejo de West Miami pedía «visados a toda la familia de Elián González para que vengan a Estados Unidos y evitar la presión de tener rehenes en Cuba». Pero la mayoría de las reuniones estaban alejadas de las polémicas o de las posiciones políticas.

Los concejales tenían tiempo. Sosa recuerda con nostalgia cómo se sentaban en el columpio del jardín de Gerardo Ramos a charlar sobre qué hacer para celebrar el 50.º aniversario del cumpleaños de West Miami. Las decisiones más políticas solían estar en manos de Sosa, que se apoyaba mucho en Díaz-Padrón, un abogado que llegó de Cuba en 1960 cuando tenía dos años y que entró en el ayuntamiento de West Miami en 1992.

El momento más tenso del debut de Rubio en la vida pública fue su enfrentamiento con el vicealcalde Enrique González a finales de 1998. En noviembre la ciudad tuvo que discutir cómo afrontar la denuncia de la madre de González, que pedía a West Miami hasta 100.000 dólares en daños y perjuicios por una caída que sufrió en la calle y que le había supuesto 27.000 dólares en cuidados médicos. Rubio se opuso a considerar un acuerdo extrajudicial de cualquier dimensión parecida para no dar mal ejemplo. «Ésta es una ciudad muy pequeña. Si alguien consigue el premio gordo contra nosotros, 100.000 o 90.000 por un accidente como éste, que puede pasarle a cualquiera, la puerta está abierta, se correrá la voz», decía el concejal. En medio de la conversación apareció González, que no podía participar por un «posible» conflicto de intereses, y los concejales permanecieron en silencio mientras cogía sus cosas y volvía a salir de la sala.

Unas semanas después, González acusó a Rubio de estar montando negociaciones al margen del ayuntamiento para sustituir a una concejala que dejaba el puesto.

En la escena más tensa de aquellos años, el 16 de diciembre de 1998, Rubio se quejó de la ausencia de González en una reunión clave en la que se iba a decidir el sustituto de una concejala que dejaba el puesto. Poco antes de las ocho de la tarde, el vicealcalde irrumpió de pronto en la reunión diciendo que en 45 minutos salía su avión hacia Nueva York pero que quería hacer la que probablemente sería su última intervención ante el concejo de West Miami. «Ha habido una conspiración entre vosotros tres para seleccionar a la nueva concejala», espetó González a la alcaldesa, al concejal Díaz-Padrón y a Rubio. «Es una vergüenza y una farsa... Estoy asqueado por la política en esta ciudad... Vosotros tres, y os señalo con el dedo, sois responsables de esta violación inaceptable de la ley de Florida», gritaba el concejal. «Es una farsa, es una farsa», decía González mientras los otros tres intentaban intervenir. «Quiero que toda la ciudad sepa qué clase de bazar turco tenemos aquí», proseguía el vicealcalde mientras el abogado de la ciudad, también presente, empezaba a estar preocupado por las «alegaciones criminales» que estaban haciéndose.

«Me he callado durante cuatro años sobre los manejos que hay aquí todo el tiempo y ya no me voy a callar», decía el vicealcalde. Después de 20 minutos de tira y afloja, González dijo que presentaba su dimisión y se fue de la sala antes de que Rubio pudiera hablar y empezara a defenderse de las acusaciones. «Son completa e inequívocamente falsas. Es una mentira. Una mentira completa. Nunca he hablado con ningún miembro de esta comisión sobre mi voto de esta noche», decía Rubio en esa sesión ajetreada. «No soy parte de ninguna conspiración. Tampoco estaba en la colina de hierba cuando Kennedy fue asesinado [el lugar desde donde se disparó al presidente según una teoría sin confirmar]. No fui parte de esa conspiración ni soy parte de ninguna aquí esta noche.»

Rubio intervino después para que el ayuntamiento no aceptara la dimisión de González porque era «un activo la mayor parte del tiempo».

El joven concejal gestionó la crisis con calma, según sus colegas de entonces. «Era una bobería pero a esa edad sobre todo uno se pone bravo por eso mismo. Yo me puse cómico. Marco lo manejó increíblemente bien», cuenta Díaz-Padrón.

En la siguiente reunión, el 6 de enero de 1999, juró el cargo la nueva concejala. González estaba presente como si nada hubiera sucedido semanas antes y se aprobaron acuerdos para dar permiso especial a la circulación de varios tipos de camiones y el mantenimiento de 12 alcantarillas.

Años después, González acabaría trabajando para el senador Rubio durante la negociación del proyecto para la reforma migratoria y recordaría aquel episodio como un momento «embarazoso» de su juventud en política. Según Díaz-Padrón, la explosión fue por «falta de experiencia», algo que, sin embargo, no se notó en Rubio.

Díaz-Padrón recuerda que después de aquel episodio, un día cogió a Rubio y le dijo: «Oye, Marco, tú tienes la habilidad de ser presidente de este país». El joven reaccionó con incredulidad. Pero el veterano empezó a estar convencido de que el chico tenía un don que no esperaba encontrar en las pequeñas reuniones de un edificio de ladrillos en West Miami. «Yo nunca se lo había dicho a nadie antes. Entonces se lo dije varias veces.»

La carrera de Rubio estaba entonces muy lejos de la Casa Blanca. La función principal de los concejales como él era asesorar al Gobierno de West Miami, que en todo caso tenía la última palabra. Pero él tampoco quería administrar sólo la ciudad. El joven abogado quería más, hablaba bien y tenía empuje para convencer a los demás, según repiten quienes lo conocieron entonces, acostumbrados a escucharlo en cenas y reuniones que el joven nunca se perdía. Se movía rápido para relacionarse con los empresarios o los activistas mejor conectados y tenía ambición. Díaz-Padrón insiste en su «manera de formular pensamientos en inglés y en español». Su soltura retórica en español impresiona también a la parte de la comunidad que ha perdido la corrección en el idioma de sus padres. Rubio ha mantenido siempre el español para él y para sus hijos, aunque, por ejemplo, con su mujer, Jeanette, hable en inglés.

No sorprendieron sus ganas de buscar un puesto más político y menos local. «Siempre me imaginé que querría llegar a un grupo más grande. Lo lógico es que entonces quisiera llegar al próximo nivel: la *House*.» Es decir, la Cámara de Representantes de Florida.

Sosa le dio un consejo de despedida: «Cuanto más alto llegues, más humilde tienes que ser. Porque tú no llegas ahí por ti. Tú llegas ahí por los que creen en ti».

Ahí empezó su camino primero a Tallahassee y después a Washington. «Caminó en cada zapato. Nadie caminó por él», dice Sosa. Pero en ese viaje fue especialmente afortunado.

Una década después de dejar el puesto de concejal, Rubio presentó su campaña al Senado de Estados Unidos en Cooper Park, el parque de West Miami donde él y las hijas de Tania Rozio jugaban y donde siguen haciéndolo los niños de la ciudad. La rival a la que batió en su primera campaña estaba allí aquel día y el futuro senador se acercó a saludarla. «¡Tania! ¿Tú te acuerdas de mí?», le dijo. «¿Cómo no me voy a acordar de ti? ¡Tú me ganaste! Pero ahora me alegro de que tú me ganaras», contestó ella.

El padre de Rubio también estaba aquel día en el parque. Mario Rubio murió unas semanas antes de que su hijo fuera elegido senador. Oriales se quedó con su hija y su yerno. «Muy trabajadores, muy sencillos, muy cubanos», dice Rozio de la familia. Pese a sus buenas palabras, matiza la distinción de los Rubio por las circunstancias en que emigraron a Estados Unidos.

Al contrario que los padres de Rubio, el marido de Tania Rozio sí llegó a Miami como un exiliado político. Tuvo que salir de Cuba con 17 años después de pasar dos veces por la cárcel por hacer comentarios contra el Gobierno castrista. La segunda vez que fue arrestado, el juez le dijo al padre del joven: «Coge a tu hijo, vete, compra un pasaje de avión y sácalo de Cuba porque la próxima vez van a matarlo».

«Mi esposo es cubano al 200 por ciento», dice Rozio, y explica que su marido no está en casa esta tarde porque está trabajando como voluntario en una organización que envía medicinas y comida a Cuba para las familias de los presos políticos.

Rozio asegura que ella está registrada como demócrata desde los 21 años aunque dice que el presidente al que más ha admirado es Ronald Reagan. Su marido es «lo más republicano que puedas encontrarte». Dice que ella ha preferido estar siempre en «los dos lados» aunque casi siempre ha votado por candidatos republicanos en las elecciones presidenciales. En las primarias demócratas de 2008 votó por Hillary Clinton.

A Rozio le parece que Rubio tal vez necesitaba «un poquitico más de tiempo» antes de presentarse a la Casa Blanca. Pero cree que su origen es lo que ha lanzado su carrera política y lo que siempre le dará una ventaja extra. «El hecho de que sea cubano le va a favorecer. Muchos latinos van a votarlo. Hay mucho orgullo por el hecho de que sea latino. Igual que el color de nuestro presidente actual lo ayudó en las elecciones, yo creo que el sentir que es hijo de cubanos, de latinos, y que habla español va ayudar mucho a Marco también.»

4

El sable

Marco Rubio tenía 26 años cuando fue elegido concejal de su ciudad. Cuenta que su intención era esperar unos años antes de lanzarse a competir por un escaño en el Senado o en la Cámara de Representantes de Florida. Pero ese cálculo varió por una dimisión inesperada y por el consejo de Carlos Lacasa, legislador e hijo de uno de los abogados de la firma inmobiliaria en la que empezó a trabajar el joven Rubio después de su toma de posesión como concejal.

Un senador estatal acababa de abandonar el cargo después de alcanzar un acuerdo con los fiscales que investigaban un escándalo de corrupción y el republicano Carlos Valdés iba a dejar libre su escaño en la Cámara de Representantes de Florida e iba a optar a su puesto. El distrito incluía los territorios de Coral Gables, Miami Springs, Allapattah, Virginia Gardens y parte de Hialeah, es decir, en total unos 157.000 habitantes con derecho a voto según las cifras del censo electoral.

Aquella oportunidad surgió unos meses antes de que se renovaran todos los escaños de la Cámara. La ley aprobada en 1992 establecía que los miembros debían dejar el cargo después de cuatro legislaturas de dos años en la Cámara de Representantes. En 2000, se cumplía el límite y muchos veteranos dejaban sus sitios. El sucesor de Valdés tendría una ventaja añadida: llegar a Tallahassee unos meses antes que sus colegas novatos y aprovechar ese tiempo para tejer amistades en los círculos políticos de la capital.

Empujado por sus amigos y por la familia Lacasa, Rubio se lanzó a hacer campaña para las primarias republicanas del distrito de diciembre de 1999. Al principio se perfilaba como favorito por el respaldo de los líderes republicanos de la zona. Pero todo cambió con el anuncio de la candidatura de Ángel Zayón, que era famoso por su trabajo como locutor radiofónico y como reportero de televisión.

La irrupción de Zayón no inquietó a Rubio pero sí a su amigo David Rivera. «David apreciaba que Ángel era muy conocido», escribe el senador en su autobiografía. «En una campaña corta, ser conocido es una gran ventaja.»

Rubio pensó que superaría el 50 por ciento de los votos que otorgaban el escaño sin tener que someterse a una segunda vuelta. Pero ni siquiera logró derrotar en la primera vuelta a Zayón, que se impuso por la mínima y puso en duda la carrera política de su rival. «Ángel se había presentado con una pila de sellos en las casas de votantes que habían pedido sus papeletas para votar por correo», recuerda Rubio sobre la estrategia de su adversario. «Les había urgido a rellenarlas con su nombre y a enviarlas ese mismo día.»

El esfuerzo postal no fue el único factor decisivo en el triunfo de Zayón, que pese a ser republicano contó con la ayuda de la maquinaria demócrata de Hialeah, una ciudad de unos 200.000 habitantes a las afueras de Miami y donde los cubanos representan un 74 por ciento de la población. El responsable de los arreglos políticos locales era el demócrata Raúl Martínez, alcalde de la ciudad entre 1981 y 2005 y uno de los hombres más poderosos de la comunidad. Aunque no fuera de su partido, Martínez prefería a Zayón porque lo conocía y creía que estaba más cerca de sus fieles que el nuevo candidato. «Apoyaba a Ángel porque creía que yo era el aliado de sus rivales», recuerda Rubio. «No podía convencerlo de lo contrario. Así que hice de la necesidad virtud y me alié con sus enemigos.»

Ninguno de esos enemigos ayudó tanto a Rubio como Modesto Pérez, un cubano que vende aparatos de aire acondicionado en un almacén que un rótulo identifica como Mr. Cool en Hialeah. El negocio está en una zona de concesionarios de coches usados y casitas de una planta donde se ven carteles de abogados especializados en accidentes y supermercados que aceptan *food stamps* (las cartillas de comida subvencionadas por el Estado). El símbolo más visible de la zona desde lejos es la escultura de un crucifijo gigante delante de un santuario.

El despacho de Pérez se encuentra en la trastienda de Mr. Cool. Las paredes pintadas de color celeste apenas se ven por la acumulación de chapas, imágenes, carteles, papeletas y folletos que el empresario empezó a recopilar cuando llegó aquí en 1972. Junto a su mesa hay un termómetro con un águila de alpaca y un cartel de una aspirante a juez. También una de las célebres papeletas mariposa que propiciaron el triunfo de George W. Bush en noviembre de 2000.

En la entrada del despacho destaca una insignia con una cigüeña, un apretón de manos y unos rascacielos. Es el símbolo de la asociación de comerciantes y profesionales de Hialeah, que Pérez preside desde 1983 y que lo ha ayudado a potenciar su influencia en la comunidad. La agenda giratoria sobre el escritorio incluye los teléfonos de líderes republicanos tan influyentes como la congresista Ileana Ros-Lehtinen o la comisionada Rebeca Sosa, a la que el empresario llama por teléfono durante la conversación. Él ya movía los hilos de la comunidad cuando ayudó a Rubio, pero fue el joven político quien le presentó a Sosa y no al revés.

«Yo salí de Cuba a principios de los años setenta», explica Pérez.

Primero estuve tres o cuatro años en Nueva York y luego me instalé aquí en Hialeah. Pero al llegar me encontré con un problema muy grande: que no se podía hacer nada si no era a través del alcalde Raúl Martínez. Muchos se adaptaron a ese sistema. Yo no pude y estuve fajándome contra él durante 25 años. Muchos días llegaba a casa llorando de rabia. Me rompieron los cristales, me cayeron golpes y me quitaron 87.000 dólares en una demanda judicial.

Los golpes no son una metáfora: el empresario saca del cajón unas imágenes que muestran sus moratones en la espalda. Asegura que el alcalde tenía controladas las papeletas de unos 6.000 jubilados. «Tenía un director en la oficina de vivienda que les decía a los viejitos: "Mira que te quitan la comida si el alcalde pierde". Así ganaba siempre.»

El empresario se define por oposición a Raúl Martínez, al que retrata como un déspota que abusó de su poder con impunidad gracias a su amistad con el senador demócrata Bob Graham y a sus vínculos con el matrimonio Clinton. La cuñada de Martínez era una de las asistentes de la fiscal general Janet Reno y ese detalle según Pérez habría ayudado al alcalde más de una vez a esquivar la acción del FBI.

«Imaginen lo duro que fue llegar de Cuba y encontrar esto aquí, en Hialeah», explica Modesto Pérez. «Uno tenía que estar con Martínez. Si no, te mandaba a los inspectores y a gente que te quería asesinar. Al perder el juicio por la paliza, yo de rabia tiré los papeles y el alcalde me metió una demanda por la que tuve que pagar 87.000 dólares. Ha sido una batalla muy dura. Menos mal que ya no está.»

Modesto Pérez nació en Cienfuegos (Cuba) antes del ascenso de Fidel Castro. Se fue de niño a La Habana por su padre, quien trabajaba como administrador en un hotel de la capital. Allí trabó amistad con el líder venezolano Carlos Andrés Pérez y conoció a otros huéspedes célebres que pasaban por allí. En cuanto creció se encontró enfrentado con los portavoces del castrismo.

«El problema es que yo no quería participar en el proceso comunista», dice Pérez, que cuenta que sus desencuentros con el régimen nacieron de su condición de pelotari en el legendario frontón Jai Alai: «Era el frontón más popular del mundo. El de México lo superaba por unos metros. Pero quienes jugaban en Cuba eran los mejores. Al ir a hacerme profesional, me dijeron que me enrolara como miliciano pero yo les dije que no y me metieron preso durante ocho o nueve meses. Entonces supe que me tenía que ir».

En Estados Unidos, primero se instaló en el barrio neoyorquino de Jackson Heights, en Queens, y tuvo durante unos años un restaurante. Después cambió Queens por Hialeah, donde abrió este negocio que al principio se llamaba Mr. Frío y que ahora se llama Mr. Cool.

Aquí vende y arregla aparatos de aire acondicionado pero también mueve los hilos de la política local en contacto permanente con líderes republicanos como Rebeca Sosa.

En aquella campaña de 1999 para la Cámara de Representantes, un amigo de Marco Rubio citó a Modesto Pérez en el Tropical Restaurante de Hialeah, un establecimiento no demasiado lejos de Mr. Cool donde se sirven platos cubanos y donde algunos políticos invitan a desayunar a sus votantes más fieles una vez al mes.

«El tipo llegó con Marco y me dijo que yo le podía ayudar», recuerda. «Yo me iba a ir a un crucero con mi señora pero me quedé. Le pregunté a Marco de dónde venía, quién era, qué había hecho. Entonces le dije que íbamos a hacer una estrategia porque a mí en política me gusta la estrategia. Hablé con el dueño del restaurante y le dije: "Desde ahora Marco Rubio es tu ahijado".»

El propietario del restaurante era Regino Rodríguez, un cubano que llegó a Hialeah con su esposa y sus dos hijos en 1982. «En Marco vi un hombre tan capaz y tan inteligente... y no me equivoqué», recuerda sobre el día en que se conocieron. «Yo aquí le conseguí cientos de votos. Les enseñaba la foto a mis clientes y les decía: "Miren. Es mi ahijado". Yo tengo hasta 40 familiares que votan. Pero se lo decía también a mis amigos, a mis vecinos y a los inquilinos de mis casas. Yo entonces tenía unos 30 inquilinos y todos votaron por él.»

Aquel día Rubio dijo en el Tropical que su objetivo era «tener poder para quitarnos el comunismo». Sus palabras se le quedaron grabadas a Rodríguez, que huyó de Cuba temeroso de que los agentes del régimen lo enviaran a prisión. Recuerda sobre los primeros años del régimen:

> A base de mentiras, Castro convenció a todos. Si uno ofrece muchas cosas a los pobres, se gana a la mayoría de la población. Eso fue lo que hizo Castro, que les quitó sus cosas a los ricos y no les dio nada a los pobres. Luego revolvió el mundo montando guerrillas en todo el mundo. Era un hombre muy capaz y muy inteligente pero con ideas muy dañinas para el hombre. Mientras haya comunismo, no volveré a

Cuba. Muchos de los que nos gritaban esbirros y traidores son los que ahora huyen del país.

Regino Rodríguez nació en 1937 y se crió en unas condiciones paupérrimas en una granja de Camagüey. «Vivíamos en un sitio con techo de guano, forro de yagua y piso de tierra», recuerda. «Un español nos daba maíz para molerlo y comíamos harina, viandas vegetales y cualquier tubérculo que *sancochábamos*. A veces comíamos un pollo en domingo y matábamos un puerco en diciembre.»

Rodríguez se enroló en el ejército como enfermero cuando ni siquiera había cumplido 18 años y combatió contra los hermanos Castro en Sierra Maestra antes del triunfo de la revolución. Al final de la guerra, empezó a trabajar como funcionario en el Instituto Nacional para la Reforma Agraria. «Gestionaba cinco granjas donde había de todo: arroz, manteca, carne, pollos... Al repartir siempre te quedas con un poquito. Honestamente, no lo pasé mal.»

Pero un colega le dijo que estaban a punto de meterlo en la cárcel y un amigo que vivía en España le envió una carta de invitación con la que pudo salir del país.

Llegó a Madrid con su mujer y sus hijos sin un centavo en 1980. Se instaló a las afueras de Móstoles y empezó a recoger papeles y cartones por las noches con un carrito de supermercado. «A lo mejor encontrábamos unas cajas o una guía de teléfonos», recuerda. «Al día siguiente los vendíamos y ganábamos unas 200 o 300 pesetas de la época. No era demasiado dinero pero nos daba para vivir. En unos meses habíamos comprado una furgoneta y al año siguiente teníamos cuatro camiones para vender fruta.»

Y sin embargo el objetivo era mudarse a Estados Unidos, donde Regino Rodríguez llegó con su familia en 1982. Al principio empezó a trabajar como carnicero en un supermercado. Pero al poco de llegar compró este restaurante con la ayuda de una tía y construyó uno de los negocios más prósperos de la ciudad.

El Tropical Restaurante se ha convertido poco a poco en una institución entre los políticos de Hialeah. Sus paredes están forradas de fotos de líderes locales. Se sirven huevos revueltos con jamón, patatas fritas, una tostada y un café y se paga en el *counter*. Desde la puerta hay anuncios de los últimos políticos locales en ascenso, como Pam Bondi, polémica fiscal general de Florida y ex novia del hijo de Modesto Pérez, según dice el propietario de Mr. Cool.

Rodríguez habla en una habitación que hace las veces de almacén del Tropical alrededor de una mesa redonda con sillas de plástico verde oscuro pelado por el tiempo. Debajo del cristal de la mesa, se ve un puzzle de papeles atrapados y superpuestos: ahí puede encontrarse el menú del día, publicidad de «Empanadillas Nenita», una estampa de la patrona de Cuba o el número de teléfono del coronel Montero, el hombre que aprobó la salida de Cuba de Rodríguez y que acaba de estar de visita por aquí.

El dueño cuenta la historia de su familia y la de Rubio. Pero a ratos se interrumpe para mostrar algún vídeo de YouTube: uno que muestra bailarines haciendo juegos de sombras u otro con una charla sobre los efectos perjudiciales de la leche que según dice imparte «un premio Nobel español».

Apoyar al novato no fue fácil para Rodríguez. Entre otras cosas porque su adversario Ángel Zayón era uno de los mejores clientes del restaurante. «Le dije que Marco era mi sobrino y que estaba obligado a apoyarlo. Era mentira pero se tranquilizó.»

El dueño del Tropical amarró decenas de votos para Rubio. Pero no tantos como su amigo Modesto Pérez, que recorrió las *bakeries* y los restaurantes de Hialeah buscando apoyos para el joven líder republicano: «Les daba cinco dólares de propina a las camareras y les decía: "Oye, que necesito que me ayudes. Tengo un ahijado ahí que está intentando entrar en política". Casi siempre se sorprendían: "¡No me digas que Marco Rubio es tu ahijado!". Al cubano le gusta mucho la familia... Así empezamos».

Pérez llegó a buscar votos en la iglesia de St. John, donde un sacerdote español lo regañó por hacer política en un recinto sagrado. «Oiga, padre, que yo soy un predicador igual que Jesucristo», le espetó. «Lo que es usted es un *jodedor*», recuerda que le respondió enfadado el cura.

Profanar un templo católico y sobornar a las camareras no es lo único que Pérez hizo durante la campaña de Rubio. «Repartimos fruta entre los vecinos», recuerda. «Me costó mi dinero pero no me arrepiento. Así pudimos ganarle como 120 o 150 votos a Marco y eso fue una satisfacción porque yo sabía que Marco Rubio iba a llegar porque tengo visión de los políticos. ¡Y eso que Raúl Martínez le soltó todo el batallón!»

Aun así no fue una carrera fácil. Rubio sólo tenía cuatro semanas antes de la segunda vuelta y reclutó para ir de puerta en puerta a sus padres, a sus hermanos y a su mujer, que entonces estaba embarazada de cinco meses.

Durante la jornada electoral, llegaron noticias poco halagüeñas. Al dirigente republicano Tomás Regalado, que había prometido su apoyo durante la campaña, lo habían visto repartiendo folletos de Zayón a la puerta de la iglesia católica de St. Dominic, uno de los colegios electorales más favorables a Rubio, justo al norte de West Miami. Raúl Martínez también había movilizado un ejército de conductores voluntarios que estaban llevando a decenas de votantes a las urnas.

Rubio y su entorno esperaron los resultados en la sede de un gremio policial en Little Havana. No tenían ni televisión ni acceso a internet. Un voluntario iba cantando por teléfono el número de votos desde la sede del departamento electoral.

Rubio fue por detrás durante el recuento hasta que se desveló el resultado del último colegio electoral: St. Dominic. Un lugar donde pese a los esfuerzos de Regalado no alcanzaba el brazo de Martínez y donde el joven aspirante tenía ventaja por estar cerca del lugar donde se crió.

Rubio batió a su adversario Zayón por apenas 64 votos: 1.415 contra 1.351. Sólo participó un 13 por ciento de los ciudadanos que componían el censo del distrito. Unas cifras que son habituales en unas primarias a un cargo poco conocido y que reflejan la importancia del papel que desempeñaron activistas como Modesto Pérez y Regino Rodríguez durante la campaña electoral.

Una derrota habría sido decepcionante para Rubio, que vio cumplido el sueño político que habían alimentado las conversaciones con su abuelo Pedro sobre Ted Kennedy o sobre Ronald Reagan en el porche de su casa.

Así, con 28 años, Rubio tenía poder y respeto entre los republicanos de Miami. La victoria, refrendada unos días después con un triunfo mucho más fácil frente a la demócrata Anastasia García, le abrió las puertas de una institución poco conocida pero muy influyente y le ayudó a trabar relación especial con el gobernador republicano Jeb Bush.

El apoyo de Pérez no fue un gesto desinteresado. El trato lo explica Marco Rubio en su autobiografía:

> Cuando [Modesto] apoyaba a un candidato, sus expectativas eran muy sencillas. Si eras elegido y te pedía ayuda en nombre de la gente que le pedía un favor, se la dabas. Eran siempre peticiones legítimas: un tendero que quería instalar una máquina de lotería, una abuela que necesitaba una carta de recomendación para su nieta. Ese tipo de cosas.

«Yo discuto mucho con los políticos porque soy difícil», admite Pérez antes de contar lo que le ocurrió con Jeb Bush: «Primero me dijo que le ayudara y luego me cambió el teléfono y dejó de contestarme. Fue un error mío porque tenía que haberme aprovechado de él para muchas cosas. Pero me dio roña y no pude controlar mis emociones y ahí se acabó.»

Con Rubio asegura que todo es más sencillo porque sabe «escuchar». Explica que es una persona muy querida en Hialeah y que él fue durante años su enlace con la comunidad. «La gente venía a verme y me preguntaba por Marco y yo tenía que decirle: "Estamos en esa lucha. Ahora estamos haciendo esto o lo otro". Yo le decía a una viejecita que le mandaba besos o abrazos. Aquí la política es muy familiar.» «Modesto ayudó mucho a Marco», confirma Rebeca Sosa.

Uno de los hijos de Pérez trabajó como auxiliar de Rubio durante sus años en Tallahassee y su mujer más de una vez cocinó para él. Sobre el dintel de la puerta de su despacho en Mr. Cool cuelga una fotografía de Marco Rubio en mangas de camisa y con una corbata oscura recibiendo de las manos de Pérez un sable de samurái con unos flecos de color naranja. «Empecé a dar sables porque las placas estaban quemadas», dice Pérez entre risas. «Yo he entregado hasta 50 sables y tengo ahí otros dos guardados para dos triunfadores. Sólo se los doy a los políticos que se lo merecen. Son samuráis y por eso les doy esos sables.»

Modesto Pérez ha criado cinco hijos y no domina del todo el inglés; dos motivos por los que nunca se decidió a dar el salto a la primera línea de la política profesional. Se ve a sí mismo como un entrenador en el banquillo. Dice que los políticos son «una partida de bandidos con traje» y es especialmente duro con los políticos hispanos.

«El latino es más corrupto que el americano», proclama. «Un corrupto americano pica jamón y se lleva una lasquita. El latino quiere llevarse la mesa, el cuchillo y hasta el hueso del jamón. ¡Todo quiere llevar! Es algo que yo he visto. Te piden el voto tan humildes: "Voy a ayudar a los viejitos y voy a bajar los impuestos...". ¡Y luego hacen lo contrario!»

¿Tiene Marco Rubio alguna posibilidad de llegar a la Casa Blanca? Su amigo Modesto Pérez no está seguro. Recuerda que es demasiado joven y se ha presentado antes de completar una legislatura en el Senado de Estados Unidos. Pero también cree que sus adversarios son fáciles de derrotar.

Pérez asegura que Jeb Bush no es «tan inteligente como su hermano» y aventura que Hillary Clinton no vencería a Rubio en un debate electoral.

«Aquí mucha gente no quiere volver a los Bush», dice altanero.

El error más grande que cometieron los republicanos fue apoyar a John McCain en 2008 como candidato a la presidencia. Era tan viejo que la gente decía: «¡El otro es el vivo!». Hillary fue un fracaso como secretaria de Estado y ha estado muy enferma. Se la ve decaída. No se la ve con espíritu. Un individuo como Marco la plancha. Con mucha diplomacia, pero la plancha. Este muchacho es muy alegre y muy elocuente en los debates. ¡Es un poeta!

Y sin embargo, Rubio es uno de los aspirantes más inexpertos en la carrera hacia la Casa Blanca. Muchos le reprochan sus bandazos sobre la reforma migratoria y su proximidad a los activistas más conservadores del Tea Party durante su ascenso electoral. Incluso la renuncia a sus principios más íntimos, como la defensa de personas como sus padres, para conquistar a los más radicales de su partido.

¿Qué podría hacer el senador para construir una imagen de candidato fiable durante la campaña? «Tendría que trabajar mucho y proponer leyes extravagantes para llamar la atención», dice Pérez. «Yo si fuera él presentaría leyes para las personas mayores, que son las que votan. También haría cosas para los jóvenes y presentaría una reforma migratoria positiva. Hay gente que tiene limpio el historial, lleva aquí muchos años y sólo quiere una oportunidad.»

Su amigo Regino ve el problema de la inmigración de una forma un poco distinta:

Estoy en Estados Unidos pero no estoy dentro del sistema americano. Los adoro porque me dieron albergue y me dieron muchos beneficios. Pero en mi interior siempre soy consciente de que vivo en casa ajena. Aunque tenga una mejor que la que dejé en Cuba. Nosotros para los americanos somos como el chicle. Ellos nos mastican pero no nos tragan. Para ellos un cubano, un mexicano o un colombiano no valen nada.

5

La espada

Pocas personas conocen mejor la política en el sur de Florida que Lincoln Díaz-Balart, congresista republicano durante 18 años y abogado ahora en este despacho situado en uno de los rascacielos de la exclusiva isla de Brickell Key, cerca del centro de Miami.

Díaz-Balart viaja a menudo a Centroamérica para asesorar a clientes extranjeros. Pero el entusiasmo con el que describe las fotografías que cuelgan en la antesala de su oficina indica que su vocación política no se apagó del todo cuando abandonó el Capitolio en enero de 2011. «Aquí estoy, en el avión de George W. Bush», explica sonriente. «Aquí el día en que me detuvieron cuando me esposé a la verja de la Casa Blanca en un acto de desobediencia civil.»

Al otro lado del pasillo hay una imagen mucho más antigua, con una textura rugosa y un marco especial. En el centro de la foto, enfundado en un traje claro y empuñando una pluma en la mesa de su despacho, está el abuelo de Lincoln, un abogado que trabajaba para la sección cubana de la United Fruit Company y que fue elegido alcalde de la pequeña localidad de Banes por el Partido Liberal en 1933.

Unas décadas antes, varios miembros de la familia habían combatido contra las tropas españolas; dos parientes habían cumplido condena en una cárcel de Ceuta por sedición. Pero aquel alcalde fue el primero en lanzarse a la política y por eso Lincoln lo venera como el fundador de una dinastía que se ha prolongado en Washington con su carrera y con la de su hermano menor Mario, elegido congresista en 2003.

Algunos en Miami llaman a los Díaz-Balart «los Kennedy cubanos» por su aspecto atractivo, por sus orígenes patricios, por su cohesión y por la influencia que han ejercido durante décadas sobre el exilio y sobre los republicanos de Miami, que acuden a ellos en busca de ayuda con los grandes donantes y de contactos en el Gobierno federal.

Lincoln y Mario tienen otros dos hermanos que no son políticos: José presenta informativos en los canales MSNBC y Telemundo y Rafael se dedica a la banca de inversión. Los cuatro se sienten en deuda con su padre, Rafael Díaz-Balart, cuya vida hilvana la vocación política de aquel alcalde liberal cubano con la de sus hijos.

Rafael falleció de leucemia en Miami en mayo de 2005. Unos meses después, sus hijos editaron unas memorias incompletas que ofrecen muchos detalles sobre su carrera política antes y después de la revolución.

Rafael Díaz-Balart nació en Banes en 1926. Se educó primero en el colegio cuáquero de su pueblo y luego en escuelas baptistas, católicas y presbiterianas antes de empezar a estudiar Derecho en La Habana. Allí fue donde nació su gusto por la política y donde trabó relación con Fidel Castro, al que había conocido jugando al baloncesto justo antes de entrar en la universidad.

«Al principio, Fidel era un absoluto analfabeto político», escribe Rafael. «Ya en la universidad, se convirtió en un fervoroso lector y admirador de Benito Mussolini y de José Antonio Primo de Rivera. Por eso he afirmado siempre que es un fascista que llegó tarde al fascismo.»

En su libro, Rafael presenta al futuro dictador cubano como un joven sin escrúpulos que vivía de la fortuna de su padre y tenía una obsesión patológica por el poder. Pero esos rasgos no impidieron que Rafael mantuviera con él una relación fluida durante los años cuarenta, cuando Fidel se casó con su hermana Mirta.

La pareja se fue de luna de miel a Miami Beach. Rafael cuenta que entre los regalos de boda que recibieron los recién casados estaban una lámpara y un cheque de Fulgencio Batista, amigo personal del padre de la novia y adversario político del novio unos años después.

A finales de los años cuarenta, asfixiado por la violencia política en la isla, Rafael Díaz-Balart dejó Cuba y se fue a estudiar teología al seminario presbiteriano de Princeton, donde ejerció como predicador para un grupo de inmigrantes puertorriqueños y dio algunas clases de español. Unos meses después, abandonó la carrera eclesiástica por la política y se casó con Hilda Caballero, que sería la madre de Lincoln, Mario, José y Rafael.

Al volver a Cuba en 1950, Rafael inició su carrera política al servicio de Batista, en cuyo partido llegó a ser líder de la mayoría parlamentaria y subsecretario del Interior. Él fue quien presentó a Fidel y a Batista. Pero poco a poco fue distanciándose de su cuñado, que abandonó a Mirta y a su hijo antes del ataque fallido al cuartel Moncada y de la huida a Sierra Maestra, desde donde lanzaría su asalto al poder.

El triunfo de la revolución sorprendió a Díaz-Balart en Europa, adonde había viajado en diciembre de 1958 con su esposa y con sus dos hijos mayores para cerrar la construcción de dos casinos flotantes que según creía darían un impulso a la economía nacional.

Así fue como empezó a rehacer su vida en el exilio. «Mi casa y otras muchas fueron saqueadas y quemadas el primer día de enero de 1959», escribe en sus memorias, donde describe los primeros fusilamientos del régimen. Algunos cadáveres los encontraron con las manos crispadas: «Se les había enterrado sin estar muertos».

La familia pasó primero por Nueva York, donde Rafael creó el primer grupo de oposición a Fidel Castro el 28 de enero de 1959. Sus miembros editaban una revista, se reunían en los sótanos de un edificio del norte de Manhattan y se hacían llamar La Rosa Blanca: un nombre tomado de un poema pacifista del héroe José Martí.

Rafael vivió unos años en Fort Lauderdale, al norte de Miami, donde hizo dinero especulando con el precio del azúcar y donde nacieron sus hijos José y Mario. De vuelta a Europa, en 1963, la familia se instaló en un apartamento del barrio madrileño de Chamberí, donde Rafael retomó sus estudios de Derecho y donde presentó su tesis doctoral.

«En Madrid vivíamos en la calle José Abascal, que entonces se llamaba General Sanjurjo», recuerda Lincoln, que llegó a España con nueve años.

> Nuestro piso estaba justo en la esquina con la calle Zurbano. Nosotros íbamos a clase en la escuela americana de Aravaca. Si hubiéramos ido a otra escuela, hablaríamos de una forma distinta y nunca habríamos podido hacer carrera política en un lugar tan cubano como Hialeah. Aquello fue una bendición porque nuestros amigos eran americanos y nunca sentimos la presión de adquirir el acento español.

Lincoln guarda un grato recuerdo de España pero no se arrepiente de haberse marchado: «En Madrid es una delicia sentarse en una terraza con una horchata a conversar. Pero Estados Unidos es la sociedad de la oportunidad y del trabajo».

A Lincoln Díaz-Balart sólo se le escapó el triunfo en una campaña: cuando se presentó como demócrata en 1982. Tenía 28 años y pronto empezó a virar hacia los republicanos, persuadido por el carisma de Ronald Reagan y por la tibieza de los demócratas hacia las guerrillas comunistas en Nicaragua y en El Salvador.

Dos años después de su derrota, fue uno de los líderes de los llamados Demócratas por Reagan y en abril de 1985 se registró como republicano junto a su esposa y su hermano Mario, que lo ayudó a conseguir su primera victoria en 1986. Su carrera lo llevó primero a las dos cámaras de Tallahassee y luego a Washington, donde se distinguió como un republicano defensor del bloqueo al régimen cubano pero moderado en asuntos como la inmigración o el matrimonio homosexual. Díaz-Balart fue uno de los pocos congresistas republicanos que no firmaron el programa radical con el que Newt Gingrich arrebató en 1994 a los demócratas el control de la Cámara de Representantes. No estaba de acuerdo con las restricciones que imponía el plan a las ayudas sociales para los inmigrantes de su comunidad.

Díaz–Balart fue uno de los primeros mentores de Marco Rubio, que apenas había cumplido 21 años cuando telefoneó a la sede de su campaña en busca de una oportunidad para aprender. «Había una docena de voluntarios», recuerda Lincoln. «Pero yo recuerdo a Marco porque era un activista con ganas y un muchacho muy inteligente. Era evidente que era un joven de mucho talento.»

El verano anterior Rubio había trabajado como becario en la oficina de la congresista republicana Ileana Ros-Lehtinen y esta vez quería conocer los entresijos de una campaña electoral.

Le cogió el teléfono Ana Carbonell, que entonces era la responsable de campaña y luego sería la jefa del gabinete de Lincoln en la capital. «Marco era un joven obsesionado por la política», recuerda Carbonell, cuyo despacho está al lado del de Lincoln en este rascacielos de Brickell Key. «Quería colaborar con la campaña y le enviamos a poner letreros y a recorrer puerta por puerta las calles de Hialeah. Muchos de los activistas que conoció entonces lo ayudarían mucho durante su carrera.»

Ninguno mantuvo una relación tan estrecha y duradera con Rubio como David Rivera, que ayudó al novato a medrar en los círculos republicanos de Miami y lo enroló en la campaña presidencial de Bob Dole en 1996. Juntos viajaron a New Hampshire a repartir naranjas de Florida de puerta en puerta y a pedir el voto para el senador en las primarias republicanas.

Lo peor llegó durante el viaje de vuelta. Rubio desafió a otros voluntarios a beber más vodka que él y terminó dando tumbos por el pasillo del avión. Agarró una bolsa de papel pero enseguida se dio cuenta de que no llegaría al baño antes de vomitar.

«A mi derecha estaba Ileana Ros-Lehtinen y a mi izquierda un conocido activista republicano», escribe Rubio en sus memorias. «Podía vomitar sobre una congresista o sobre uno de los voluntarios de la campaña. Elegí esta última opción. Intenté echar todo lo que pude dentro de la bolsa. Pero la mayoría terminó en la chaqueta de aquel señor.»

Rubio se refugió en el baño durante el resto del vuelo y sólo salió cuando una de las azafatas le gritó desde fuera que el avión no aterrizaría hasta que no volviera a sentarse.

«Yo creo que Marco no había comido mucho ese día», recuerda con sorna Díaz-Balart. «Esas cosas son desagradables. Ileana se libró por poquito. Aquel otro señor fue extremadamente cordial y comprendió que era un estudiante al que algo le había sentado mal.»

Rubio tenía 24 años. Le faltaban dos para entrar en política como concejal de West Miami y cuatro para ganar su escaño en la legislatura estatal. Su experiencia junto a los congresistas Díaz-Balart y Ros-Lehtinen le mostró la dureza de las campañas electorales en Florida.

«La intensidad de la política en el sur de la Florida es mayor que la de cualquier otra democracia representativa no violenta», proclama muy serio Lincoln.

> La política siempre es muy complicada. Pero en Florida es aún más intensa porque convergen unos factores especiales. En Cuba siempre hubo mucha tradición electoralista y las campañas eran de una gran pasión. Aquí convergen muchas nacionalidades. Hay venezolanos o nicaragüenses. Al hablar con mis colegas en el Congreso, yo me he ido dando cuenta de que ellos no comparten esta intensidad.

El epicentro de esa intensidad no es Miami sino Hialeah, la ciudad más cubana de Estados Unidos y el escenario de los primeros triunfos significativos de Marco Rubio y Lincoln Díaz-Balart. Ambos conocen bien el poder del demócrata Raúl Martínez, que abandonó la alcaldía en 2005 y volvió de su retiro en 2008 para intentar arrebatar su escaño a Lincoln aprovechando el tirón de la campaña presidencial.

«Los demócratas pensaron que podían ganar mi escaño porque estaba Obama en la boleta y tenían todo el viento en las velas», recuerda Lincoln. «Raúl es lo que los cubanos llamamos "un guapetón". Una persona que siempre está ofendiendo. Alguien que siempre se cree el bravo de la película. A los cubanos alguien así les infunde respeto y nadie quiere ponerse en su camino.»

A Raúl Martínez lo condenaron a 10 años de cárcel por corrupción pero un tribunal revocó la condena. Luego hubo otros dos procesos pero el asunto se archivó porque el jurado no alcanzó una decisión unánime. El entorno de Martínez siempre recuerda que el fiscal del caso era el marido de una de sus adversarias: la republicana Ileana Ros-Lehtinen.

Díaz-Balart asegura que en 2008 ya estaba pensando en dejar su escaño en el Capitolio y que sólo se decidió a presentarse al ver que los demócratas presentaban a un político así. Los sondeos auguraban una carrera muy ajustada. Pero el congresista ganó por 15 puntos y barrió al aspirante demócrata en su ciudad.

Lincoln Díaz-Balart y Marco Rubio doblegaron en las urnas a Raúl Martínez. Pero después de sus triunfos adoptaron una actitud muy distinta hacia el cacique de Hialeah. Al borde de la jubilación política, Díaz-Balart siguió restregándole su triunfo. El joven Rubio, en cambio, hizo las paces con él.

Congraciarse con Martínez conllevaba algunas ventajas para Rubio, que buscaba aliados al llegar a Tallahassee como un novato a un entorno que desconocía y solía ser hostil a los representantes de Miami. Los contactos del alcalde le ayudaron a trabar relación con legisladores que no estaban en la órbita del exilio cubano y a encontrar apoyos en lugares como Orlando, Tampa o Jacksonville.

En esos primeros movimientos en Tallahassee se aprecian por primera vez dos rasgos que irán reapareciendo durante la carrera política de Rubio: su tendencia a integrar en su equipo a sus adversarios y su habilidad para trabar alianzas con personas y grupos alejados de sus raíces y con los que nunca había tenido nada en común.

Rubio juró su cargo en el Capitolio de Florida una mañana brumosa de febrero de 2000. Junto al nuevo legislador estaban sus padres, su mujer embarazada y sus hermanos, que habían llegado en una caravana de tres furgonetas para arroparlo en una jornada especial.

La sesión legislativa en Tallahassee tiene lugar en primavera y apenas dura 60 días al año. Rubio fue afortunado y pudo aprovechar el tiempo al máximo: llegó un año antes de que tomaran posesión otros políticos novatos y nueve meses antes de que se marcharan decenas de legisladores veteranos por una ley que limitaba su número de mandatos.

Rubio explotó esos meses de ventaja para conocer los entresijos del trabajo parlamentario y para trabar amistad con los personajes más influyentes de la Cámara. También para frenar el desafío de su rival Ángel Zayón, al que convenció de que no merecía la pena presentarse contra él en noviembre de 2000.

La renuncia de Zayón le permitió centrarse en viajar por el estado de Florida respaldando a futuros colegas y en ir tejiendo alianzas lejos de la comunidad cubana y del área metropolitana de Miami. En Tallahassee empezaron a llamar la atención las dotes oratorias de aquel joven legislador.

Enseguida le ofrecieron un cargo en el liderazgo republicano y lo animaron a apoyar a su colega de partido Gaston Cantens, que aspiraba a ser el primer cubanoamericano en asumir el cargo más importante del poder legislativo de Florida: *speaker*, es decir presidente de la Cámara de Representantes.

Rubio no apoyó a Cantens. Sus adversarios piensan que para entonces ya tenía un ojo puesto en su propia ambición: si Cantens era elegido entonces *speaker*, sus colegas tal vez no elegirían a otro político de origen cubano poco después.

El mandato del *speaker* dura dos años y su elección se cierra mucho antes de su toma de posesión. Los aspirantes cortejan durante años a sus colegas. «Algunos quieren que recompenses su apoyo con la presidencia de una comisión», explica Rubio en sus memorias. «Otros simplemente apoyan al candidato que consideran mejor. La mayoría, sin embargo, quiere estar con el ganador y espera a decidirse hasta tener una idea aproximada de quién va a ganar.»

Hasta que se aprobó la limitación de mandatos, el proceso para llegar a *speaker* duraba décadas. Desde entonces todo se ha acelerado y los aspirantes empiezan a hacer campaña a veces antes incluso de llegar a Tallahassee. «Rubio no era un radical sino un político moderado y agradable», dice un líder demócrata que lo conoció durante esos años. «Era el producto de la limitación de mandatos. No sabía dónde estaba el baño pero ya quería ser el presidente de la Cámara.»

Ascender el siguiente peldaño suponía para Marco Rubio sobreponerse a sus orígenes: ningún legislador del área metropolitana de Miami había presidido la Cámara de Representantes desde 1971. El sur de Florida es una región impopular entre los habitantes de otras regiones del estado, que desconfían de las inversiones públicas que atrae la ciudad y de sus escándalos de corrupción.

Hay al menos otras dos Floridas lejos de Miami. La primera se extiende en torno a las grandes urbes centrales de Orlando y Tampa, donde apenas hay cubanos y sí en cambio cientos de miles de puertorriqueños. La segunda es la región rural del norte, colindante con los estados sureños de Georgia y Alabama. Es un lugar anglófono donde apenas hay hispanos y cuyos habitantes tienen un punto de vista muy conservador.

La carrera política del joven Rubio no habría despegado si no hubiera encontrado apoyos entre los representantes de esas otras dos Floridas donde el exilio cubano no tiene peso y donde muchos desconfiaban al principio de aquel veinteañero risueño, hiperactivo y parlanchín.

Pocas personas fueron tan importantes en ese ascenso como el republicano Johnnie Byrd, que entró en 1996 en el Capitolio de Florida y llegó a la presidencia de la Cámara de Representantes en 2002.

Byrd se metió en política empujado por uno de sus mejores amigos, que lo desafió a presentar su candidatura después del anuncio del adiós del representante de su circunscripción. «Entonces parecía una buena idea», recuerda. «Yo nunca había ido a ningún acto de los republicanos de mi pueblo y no tenía ni idea de lo que ocurría en Tallahassee. Pero tenía cuatro hijos y mi mujer trabajaba como maestra. Entré en política porque quería mejorar la educación.»

Conservador, cristiano evangélico y natural de un pueblo de Alabama, Byrd nunca se sintió del todo cómodo en la atmósfera mundana de la política de Florida. Sus colegas lo recuerdan como un político huraño e introvertido, que se paseaba con la Biblia bajo el brazo por los pasillos del Capitolio y no siempre era capaz de alcanzar los pactos necesarios en una legislatura estatal.

A Byrd no le fue bien durante su mandato como *speaker* entre 2002 y 2004. Se empeñó en perseguir una agenda que algunos colegas influyentes percibieron como muy conservadora y eso le dejó casi sin apoyos entre los legisladores. Muy pocos respaldaron su candidatura al Senado federal en las primarias de 2004: apenas logró el 5,9 por ciento de los votos.

Algunos se mofaron de Byrd en su despedida como *speaker* en la primavera de 2004. Aquel día su coche oficial apareció cubierto de pegatinas de un candidato rival.

Byrd tiene ahora su propio bufete de abogados en una ciudad a las afueras de Tampa. Desde allí sigue con orgullo el ascenso de Marco Rubio, cuyo potencial supo atisbar el veterano durante los primeros días del nuevo en Tallahassee en la primavera de 2000.

«Me llamó la atención porque era un joven extrovertido, afable y trabajador. Estaba lleno de energía y se dedicó por entero desde el principio al trabajo para el que había sido elegido. No quería tener otra responsabilidad», dice Byrd.

Y sin embargo, Byrd no tardó demasiado tiempo en darle una de las tareas más difíciles: ayudar a dibujar los límites de todos los distritos electorales de Florida, que se retocan una vez cada 10 años, cuando se renueva el censo de acuerdo a los cambios de población. Es una labor complicada porque supone examinar en detalle los mapas y poner de acuerdo a los miembros de la Cámara, que pueden perder su puesto si cambia su distrito electoral.

«No hay nada tan personal para un legislador como su propio distrito», explica Byrd. «Yo me di cuenta de que Marco tenía un carácter que era capaz de unir a legisladores muy diferentes. Por eso le encargué que se viera con todos y resolviera posibles conflictos. No sé cómo lo hizo. Pero fue capaz de dejar a todos más o menos contentos. Fue un gran éxito para él.»

Rubio aprovechó aquellas reuniones para conocer mejor a sus colegas. Al contrario que otros políticos de Miami, puso un empeño especial en tejer alianzas con legisladores de otras regiones del estado. «Marco salió de su zona de confort y eso fue un acierto», dice Byrd. «A mí me gustaba charlar con mis colegas de Miami. Pero a ellos siempre les ha costado salir de su círculo. Quizás sea por el lenguaje o por la cultura, pero en el Capitolio suelen defender los intereses del sur de Florida y no los intereses de los habitantes de todo el estado.»

Rubio no escondió sus raíces cubanas ni se olvidó de sus votantes de West Miami o Coral Gables. Pero enseguida se dio cuenta de que su futuro político pasaba por seducir a sus colegas de otras regiones del estado y empezó por Byrd.

Un día le sugirió que si quería conocer mejor a sus colegas de Miami debía mejorar a fondo su español y le ofreció los servicios de uno de sus asistentes, Ralph Pérez, el hijo de Modesto, el vendedor de aires acondicionados de Hialeah que le había ayudado en su primera campaña electoral. «Trabajar con aquel joven cubano me vino muy bien», recuerda Byrd, que sin embargo dice que sigue sin hablar bien español. «Yo no creo que Marco llegara a Tallahassee con un plan maquiavélico para medrar. Es más bien al contrario. Ayudó a sus colegas y así fue ganando apoyo. Así funciona la política: si uno ayuda a otra gente, poco a poco va creando un ejército de soldados de infantería y eso lo ayuda en el futuro.»

Al tomar posesión como *speaker* en 2002, Byrd designó a Rubio como líder de la mayoría republicana en la Cámara de Representantes. El cargo era un regalo envenenado para un legislador que acababa de llegar a Tallahassee: suponía un salto enorme en el escalafón pero requería comprar voluntades, negociar la letra pequeña de los proyectos y amenazar a otros parlamentarios para sacar adelante cada ley.

Rubio temía que aquel cargo pusiera en peligro su elección como *speaker* unos años después. Al final aceptó la propuesta con una condición: él sería una especie de portavoz y el trabajo sucio lo haría el veterano Gaston Cantens. «Yo sabía que Marco sería un gran portavoz para los republicanos», dice Byrd. «Aquello salió más o menos bien.»

Esa responsabilidad fue un trampolín para el joven Rubio, que ya había empezado a buscar apoyos para ser *speaker* durante su último mandato en Tallahassee: entre 2006 y 2008. «Marco tenía los votos de los representantes de Miami», recuerda Byrd. «Pero no habría ganado si no hubiera bebido café en las cocinas de los demás representantes, cuya preocupación principal no es ayudarte sino saber qué puedes hacer para ayudarlos a ellos. Muchos quieren algo a cambio.»

Todos los aspirantes al cargo aprovechaban entonces un vacío legal para crear grupos de apoyo que no estaban obligados a declarar los nombres de sus donantes y así recaudar fondos más fácilmente. El de Rubio se llamaba Floridians for Conservative Leadership. Un reportero descubrió la triquiñuela para mantener a los donantes en secreto y abrió un debate público que obligó a retratarse a los candidatos. Al principio Rubio defendió la opacidad de las donaciones. Pero enseguida cedió a la presión y desveló la identidad de benefactores como el oftalmólogo Alan Mendelsohn, que donó 50.000 dólares a su campaña y que unos años después sería condenado a cuatro años de cárcel por sobornar a un senador estatal.

Rubio tenía varios rivales. Pero fueron abandonando a medida que él iba ganando apoyos y se aseguraba el respaldo de la mayoría de la Cámara de Representantes durante 2003. Su estrategia fue diáfana: se rodeó de legisladores influyentes y empezó a recorrer el estado hasta conseguir los apoyos necesarios para ganar. Uno de los más importantes fue el de John Thrasher, que controlaba la región de Jacksonville y había ejercido como *speaker* entre 1998 y 2000. Thrasher accedió a hablar con Rubio por consejo de Raúl Martínez, el alcalde demócrata de Hialeah que había hecho lo posible por evitar la elección del joven aspirante republicano en 1999 y que luego se había convertido en su aliado.

Esta vez Rubio también se esforzó por reparar la relación con sus rivales antes de que arrancara su mandato. Quizá porque había conocido de cerca el tumultuoso final de Johnnie Byrd y porque quería evitar que su mandato corriera una suerte similar.

El legislador republicano Dennis Baxley recibió una llamada de Rubio en el otoño de 2003. Había respaldado a otro candidato en la carrera por la presidencia de la Cámara y el vencedor quería hablar con él sobre su papel a partir de entonces.

Baxley le dijo que estaba en un evento en el centro de Florida y Rubio respondió: «Voy para allá». Se vieron sobre las nueve de la noche en un Burger King de la autovía que une Orlando con Tampa. «Creo que ya tengo los votos para ser *speaker* pero te necesito a mi lado», dijo el legislador hispano, consciente de la importancia de atraerse a un colega tan influyente antes de su toma de posesión.

Rubio no asumió la presidencia de la Cámara de Representantes hasta noviembre de 2006. Pero aprovechó los años que precedieron al inicio de su mandato para potenciar su imagen pública en todo el estado y para profesionalizar un equipo que hasta entonces era bastante amateur. Lo primero que hizo fue reclutar como jefe de gabinete al veterano Richard Corcoran, que diseñó su estrategia y contrató una firma para llevar las cuentas de la oficina, que hasta entonces había gestionado la mujer de Rubio.

También fue diseñando un plan legislativo. «Yo quería que la Cámara de Representantes se convirtiera en un vibrante laboratorio de ideas que concibiera y persiguiera políticas valientes», escribe Rubio en su autobiografía sobre sus objetivos como *speaker* antes de elogiar al que años después sería su rival:

> En ese espíritu me vi influido por la creatividad y la valentía del gobernador Jeb Bush, que había usado su inteligencia, su innovación y la autoridad de su puesto no sólo para mejorar el *statu quo* en los márgenes sino para superarlo y cambiarlo. Su última legislatura terminaría ocho semanas después de que me convirtiera en *speaker*. Durante ocho años su oficina había marcado la agenda en Tallahassee y su adiós dejaría un vacío político en el estado que yo quería llenar.

Así nacieron las *100 ideas innovadoras para el futuro de Florida*, un libro que Rubio publicó antes de asumir el cargo y que se convirtió en la base de lo que llamó su programa en la Cámara de Representantes. Las 100 ideas cogían su inspiración del célebre «Contrato con

América» presentado por el republicano Newt Gingrich en 1994 e incluían medidas para bajar los impuestos, reducir el tamaño del Estado y mejorar las condiciones de la educación. Algunas eran tan sorprendentes como la que otorgaba a las prostitutas beneficios si denunciaban a las mafias ilegales. Otras tan inocuas como la que cambiaba la fecha de las primarias para la carrera presidencial.

En parte nacieron de eventos conocidos como *idearaisers*, en los que Rubio escuchaba las propuestas de ciudadanos corrientes. Pero la mayoría se cocinaron en reuniones del legislador hispano con Corcoran y con un puñado de asesores bautizados como «los discípulos», «los apóstoles» o «los cardenales» por su fidelidad.

Cada movimiento a partir de entonces estaba muy cuidado. También su presentación cuando ató el nombramiento.

Al aceptar el cargo el 13 de septiembre de 2005, con 34 años, Rubio citó en su discurso el ejemplo de una madre soltera con problemas económicos, una sugerencia de su esposa que él utilizó contra el criterio de sus asesores, que temían que sus palabras sonaran demasiado «demócratas».

«Hoy en alguna parte en Florida una joven madre soltera traerá al mundo a su primer hijo», dijo el designado como nuevo *speaker* hispano. «Quizá viene de un hogar roto o quizá, aún peor, ha crecido saltando de casa de acogida en casa de acogida. En cualquier caso, se ha criado en la pobreza, atrapada en escuelas que no funcionan bien.»

Aquel día a Rubio lo acompañaban aliados como Modesto Pérez o Rebeca Sosa. Sus antiguos colegas de West Miami cogieron un autobús e hicieron el viaje de siete horas para verlo en directo entre las cerca de 200 personas que vinieron de su ciudad. Su discurso fue transmitido por Radio Martí, la emisora cubana fundada por Jorge Mas Canosa con la ayuda de Ronald Reagan en 1985 y financiada por el Gobierno federal. «No sé cuánta gente lo escuchó en la tierra de mis ancestros», diría después Rubio. «Pero si sólo una persona lo hubiera oído, estaría orgulloso porque soy hijo de inmigrantes. Soy un americano cuya historia empezó en otra parte y con un lugar especial en el corazón para los sueños perdidos de mis padres.»

En la sala, según cuentan varios testigos, hubo lágrimas. «*Tears in the House*. Marco tiene el poder de mover a las personas», dice Carlos Díaz-Padrón, que fue concejal y después alcalde de West Miami.

«Allí se presentó como un producto de refugiados que habían puesto su sueño a un lado para que él pudiera vivir el suyo. Y eso en esencia refleja no sólo a sus padres, sino a los padres de todos nosotros que llegaron a este país», dice Ninoska Pérez, que lo vio en directo por primera vez allí.

Aquel día Rubio lucía una gran flor roja en la solapa y hablaba en un tono más pausado que de costumbre. A cada uno de sus colegas le dio un libro en blanco; los animó a llenarlo con propuestas para mejorar la vida de sus ciudadanos. Al final del acto, Jeb Bush regaló a Rubio una espada dorada, más pequeña que el sable samurái que le había dado Modesto Pérez en Hialeah pero con un significado mucho más especial.

Al gobernador le quedaban apenas unos meses en Tallahassee y aquel regalo se percibió como un gesto hacia un joven que podía preservar su legado. «No puedo pensar en un momento en el que haya estado más orgulloso de ser republicano, Marco», dijo Bush desde la tribuna de oradores del Capitolio antes de explicar entre risas que la espada pertenecía a «un gran guerrero místico» llamado Chang.

«Chang es alguien que cree en los principios conservadores», proclamó el gobernador. «Cree en el capitalismo emprendedor y en los valores morales que sostienen una sociedad libre. Confío en Chang con mucha regularidad en mi vida pública. Ha estado a mi lado y a veces lo he defraudado pero él nunca me ha defraudado a mí.»

Durante años, la espada ha estado en un lugar de honor del despacho de Rubio, que siempre percibió como un ejemplo la carrera del gobernador. El nuevo *speaker* aprovechó la salida de Bush para contratar a algunos de sus asesores.

Detalles así propiciaron que Rubio fuera percibido como una especie de criatura de los Bush durante sus años en Tallahassee y potenciaron su enfrentamiento con Charlie Crist, que sucedió a Jeb en enero de 2007 y con el que el joven *speaker* hispano nunca conectó.

Esa enemistad con Crist empañó el mandato de Rubio, que tropezó a menudo con la oposición del gobernador a sus medidas más queridas, como la de suprimir el impuesto sobre la propiedad.

Esa carga fiscal era muy impopular en lugares como Orlando, Tampa o Miami y obligaba a muchos jubilados a realquilar parte de su casa para sobrevivir. «Yo tengo una casa en propiedad en Hialeah desde hace muchos años», explica Modesto Pérez. «Mi jubilación son 800 dólares mensuales y tengo que pagar unos 5.000 dólares anuales del impuesto a la propiedad. Sólo puedo pagar porque sigo al frente de mi negocio.»

Rubio aspiraba a suprimir el impuesto a la propiedad para las primeras viviendas y reemplazarlo con una tasa sobre el consumo. Se trataba de reducir la presión fiscal para muchos jubilados. Pero sus colegas se mostraron en contra de la medida y el *speaker* se vio obligado a aceptar una ley mucho menos ambiciosa impulsada por Charlie Crist, que hizo todo lo posible por torpedear el proyecto de un líder al que percibía como un aliado de su predecesor.

El joven *speaker* no fracasó en todos sus propósitos. Equilibró el presupuesto del estado durante sus dos años en el cargo y sacó adelante leyes para endurecer las penas de los pederastas y para liberalizar la educación. Al final de su mandato, Rubio diría que sus 100 ideas habían sido aprobadas por la Cámara de Representantes y que 57 se habían convertido en leyes. El proyecto periodístico *Politifact*, cuyo objetivo es comprobar los hechos detrás de las declaraciones de los políticos, rebajó la cifra real hasta 24 y dijo que otras 10 propuestas se habían aprobado de una forma parcial.

En toda Florida empezaba a conocerse la habilidad de Rubio para conquistar con la palabra. En Miami, las radios lo llamaban a menudo porque destacaba sobre cualquier otro congresista estatal. Una de sus habituales era Radio Mambí, donde se dirigía con menos tensión a su comunidad y en español. En una ocasión, llegó tarde al programa de Ninoska Pérez y se disculpó con una historia doméstica: se le había roto la lavadora y «con cuatro muchachos en casa, tú sabes». La entrevista prosiguió pero en un intermedio la recepcionista se acercó a Ninoska y le dijo: «Hay veintipico personas que han llamado ofreciéndose a arreglar la lavadora de Marco Rubio».

Pese a su popularidad, la vida en Tallahassee no era fácil y no sólo por la enemistad con Crist. El propio entorno de Rubio empezó a dar problemas al político en ascenso. Durante años, muchos se quejaron de las malas formas de sus lugartenientes Ralph Arza y David Rivera.

Arza, al que Rubio atribuye su transformación espiritual y con el que iba a misa todas las mañanas, se vio obligado a dimitir por proferir insultos racistas. Rivera, al que conoció durante la campaña de Lincoln Díaz-Balart y con el que diseñó su estrategia política en Tallahassee, fue la persona más importante de su círculo hasta que se vio obligado a dejar la política por un escándalo electoral: el entorno de Rivera financió la campaña de un aspirante fantasma para torpedear la campaña de su adversario demócrata Joe García en los comicios al Congreso de 2012.

David Rivera fue quien más ayudó a Rubio en su carrera para lograr la presidencia de la Cámara de Representantes. Recorrió el estado recaudando fondos para su campaña y ejerciendo las presiones que al candidato no le convenía ejercer.

«Eran muy amigos pero Marco era el limpio de los dos», explica un líder demócrata que prefiere no desvelar su nombre por temor a represalias. «Marco llegaba y daba el discurso y detrás llegaba David diciendo cuánto costaba. Era un tipo muy hábil y muy pragmático.»

Rubio colocó a su amigo como presidente de la poderosa Comisión de Reglas de la Cámara de Representantes. Un detalle que no pasó inadvertido para quienes querían influir en sus decisiones, que comprendieron que Rivera era su interlocutor. «Cuando hablabas con David, sabías que estabas hablando con Marco», dijo al *National Journal* el abogado Bob Levy, que trabajó en Tallahassee como responsable de varios grupos de presión.

Para entonces Rubio y Rivera se habían comprado una casa en Tallahassee: una vivienda de tres dormitorios situada en el número 1484 de Bent Willow Drive, a las afueras de la ciudad. La adquirieron por 135.000 dólares el 2 de marzo de 2005 y la usaron durante los años en que trabajaron en la capital estatal.

La casa le daría un disgusto a Rubio cuando el diario *Palm Beach Post* publicó en junio de 2010 que una entidad bancaria había iniciado los trámites de desahucio. Los acreedores decían que los dueños del inmueble no pagaban su hipoteca desde hacía cinco meses, algo que puso furioso a Rubio, que había dejado la gestión de la vivienda en manos de su amigo Rivera al marcharse de Tallahassee en 2008.

«No hay desahucio», dijo Rivera al diario *St. Petersburg Times* al pagar los atrasos del crédito con un cheque bancario. Pero desde entonces las mensualidades de la hipoteca las abonó el matrimonio Rubio, temeroso del golpe de imagen para la carrera política del aspirante a senador.

Rubio y su esposa vendieron la propiedad en junio de 2015 por 117.000 dólares. Unos 8.000 dólares menos de lo que pedían por ella y 18.000 menos de lo que pagaron 10 años atrás.

Ningún dirigente republicano ha estado tan cerca de Rubio como Rivera, que lo ha acompañado en cada campaña desde 1992 hasta 2010. Pero los escándalos destruyeron la carrera del congresista e hicieron cada vez más difícil para Rubio tenerlo a su lado, al menos en público.

A Rivera lo han acusado de pegar a una mujer que trabajaba para su campaña y de estrellar su coche contra una camioneta que portaba los folletos electorales de un candidato rival. Una comisión independiente estableció que había cargado al contribuyente gastos no justificados por valor de 58.000 dólares y una investigación del *Miami Herald* desveló que una compañía había pagado en 2008 un millón de dólares a una empresa a nombre de su madre a cambio de diseñar una campaña para autorizar la instalación de máquinas tragaperras en el condado de Miami-Dade.

En torno a esas fechas estalló el escándalo que iba a costarle a Rivera su carrera política. La fiscalía empezó a investigar si el líder republicano había financiado con 81.000 dólares la campaña del candidato fantasma Justin Sternad, que difundió rumores falsos contra su adversario demócrata Joe García con la ayuda del dinero que le entregaba la activista conservadora Ana Alliegro, que por entonces era la novia de Rivera y que se fugó a Nicaragua unos meses después.

El *Miami Herald* encontró a Alliegro en la ciudad nicaragüense de Granada, cuyos vecinos se quejaron de que ponía películas eróticas a todo volumen durante la madrugada y contaron cómo había destrozado las ventanas del coche de uno de sus amantes y había intentado prenderle fuego después.

Las autoridades de Estados Unidos arrestaron en el país centroamericano a Ana Alliegro, cuyo abuelo era Anselmo Alliegro, que fue presidente provisional de Cuba durante las horas que transcurrieron entre la huida de Fulgencio Batista y el ascenso de Fidel. Un juez la condenó en septiembre de 2014 a un año de prisión y a dos años de trabajos en favor de la comunidad. Al pronunciar su sentencia, el magistrado Robert Scola mencionó a Rivera sin citarlo: «Algunos lo llamarán caballerosidad y otros sexismo. Pero el hombre debería dar un paso al frente y no dejar que la mujer cumpla condena en su nombre».

Alliegro negó primero su papel en el fraude electoral pero luego admitió que había mentido. Rivera no se dio por aludido después de la sentencia y emitió un comunicado con tres frases: «El Gobierno federal le ha hecho algo inédito a Ana Alliegro. Estoy seguro de que Ana es inocente y sólo dio este paso para terminar con las presiones y el maltrato del Gobierno. Yo sigo convencido de su inocencia». Muchos en Miami esperaban que Rivera fuera procesado por el escándalo. Pero en septiembre de 2015 no había recibido todavía una citación judicial.

El escándalo destrozó su carrera política. En 2014 presentó su candidatura a las primarias republicanas del distrito que había perdido dos años antes. Quedó por detrás de tres rivales y apenas sacó 2.209 votos: 647 menos de los que logró el candidato fantasma Justin Sternad en noviembre de 2012.

«David me recuerda un poco a Yago, el villano de *Otelo*», dijo el político republicano Juan Carlos Planas en la primavera de 2015. «Marco siempre lo ha defendido. Yo nunca he comprendido su relación.»

¿Podría crearle problemas a Rubio el fantasma de Rivera? «Yo espero que no», dice Lincoln Díaz-Balart. «Yo conozco a Rivera desde hace muchos años y siempre creí que era un patriota con mucho talento. Es una lástima. Son esas cosas inexplicables. Esperemos que ese escándalo no salpique a Marco porque es el abanderado más brillante de los principios y los valores de nuestra comunidad.»

En Miami, aún se comenta lo mucho que los Balart apoyaron a Rivera. Rubio ha defendido su relación con él y ha mantenido cerca a Alina García, que fue asistente de Rivera y que suele estar en la corte informal que rodea al senador. La hija de García, Alyn, también ha trabajado en la oficina de Rubio. Rivera sigue hablando de su «amigo Marco» con elogios, aunque siempre con silencios inquietantes y un tono suspicaz cuando se enfrenta a un periodista.

Los problemas de Rivera no fueron el único borrón de Marco Rubio durante sus años en Tallahassee. A muchos les llamó la atención que el sueldo del legislador se disparara en el verano de 2004. Su jefe de gabinete le presentó a los responsables de la firma jurídica Broad and Cassel, que le ofrecieron un salario de 300.000 dólares al año. La cifra era el triple de lo que cobraba en su empleo anterior y llegaba unos meses después de que hubiera amarrado su designación como *speaker*. La empresa trabajaba para el estado de Florida, al que facturó unos cuatro millones de dólares en servicios entre 2002 y 2005.

La subida de sueldo permitió a Rubio pedir un crédito de unos 700.000 dólares para comprar la casa donde todavía vive pero no solventó sus problemas con la contabilidad. Entre 2005 y 2008 abonó gastos personales con una tarjeta American Express que pertenecía a los republicanos de Florida. Rubio enseguida repuso el dinero y atribuyó lo ocurrido a los descuidos de sus asesores, entre ellos su mujer, que ejerció como tesorera de alguna de sus comisiones de recaudación. Incluso tratándose de un caso de negligencia, esos errores ayudaron a retratarlo cuando menos como un político inmaduro y poco cuidadoso que cargaba al partido un corte de pelo (134 dólares), una entrada de cine (10,50) o una factura de la App Store (750).

No fue el único escándalo que salpicó a Rubio durante sus

años como *speaker* de la Cámara de Representantes. Unos meses después de tomar posesión, le reprocharon que hubiera gastado medio millón de dólares de las arcas del estado en construir un comedor para los legisladores y al final de su mandato lo acusaron de aceptar un empleo como profesor en una universidad a la que había beneficiado y de intentar influir a favor de un amigo cubano en la adjudicación de varias gasolineras en una autovía estatal.

Ninguna de esas disputas frenaron la ambición de Rubio. Cuando dio su discurso de despedida en Tallahassee el 2 de mayo de 2008 estaba a punto de cumplir 37 años. Tenía ganas de más política, pero no tenía clara la próxima meta.

6

El salto

Una mujer de servicio abre la puerta del chalet donde vive Raúl Martínez. En la entrada hay un Jaguar aparcado y dentro algunos peces disecados y una pantalla gigante en cada salón. Es la casa de una persona con dinero pero también de un político muy influyente. Martínez fue alcalde de Hialeah entre 1981 y 2005 y todavía es uno de los dirigentes demócratas con más peso de la región.

Martínez intentó dar el salto a la política nacional sin éxito en dos ocasiones: la primera cuando se postuló para ocupar el escaño del congresista demócrata Claude Pepper en 1989 y la segunda cuando compitió por el sitio del republicano Lincoln Díaz-Balart en 2008.

Ninguna campaña fue tan traumática como la de 1989, cuando Martínez fue investigado por sus relaciones con varios constructores de su ciudad. Fue condenado por extorsión y asociación delictiva. Pero la sentencia fue revocada unos años después por un tribunal superior. Aquel caso lo investigó el fiscal Dexter Lehtinen. Su esposa Ileana Ros-Lehtinen era la rival republicana del alcalde de Hialeah, que presentó la investigación como una persecución.

Martínez acompañó el ascenso de Marco Rubio durante sus años en Tallahassee y lo ayudó a hacer amigos en la capital del estado y a ganar peso como legislador.

A priori Martínez no era un aliado evidente para Rubio: era demócrata, había mantenido varios pleitos con su amigo Modesto Pérez y estuvo a punto de acabar con su carrera política en aquella primera campaña a la Cámara de Representantes de Florida al respaldar la candidatura de su rival Ángel Zayón.

Unos días después de su triunfo, sin embargo, Rubio disipó cualquier rencor y fue a ver a Martínez a su despacho. «Alcalde, yo sé que tú no me ayudaste pero yo quisiera trabajar contigo», le dijo Rubio al regidor, quien apreció el gesto como una prueba de madurez en un político que acababa de empezar.

«En la primera campaña yo apoyé a su rival Zayón porque lo conocía. Estaba en la radio y era mi amigo. Marco entonces no era un factor», explica Martínez en el salón de su casa de Hialeah frente a un jardín fragante y entre los gorjeos de una pareja de periquitos que se columpian en una jaula y que le regalaron durante una campaña electoral.

«West Miami está al otro lado del aeropuerto pero es un barrio de Hialeah. Es un pedacito de nada. Marco se postula y pierde la primera vuelta de las primarias. Pero Zayón se cree que ya está hecho, durante dos semanas no le coge el teléfono a nadie y pierde la elección», dice sobre aquella campaña Martínez, que habla en tono despectivo del empresario Modesto Pérez, que ayudó entonces a Marco Rubio: «Ése lo único que hace es vender piezas de aparatos de aire acondicionado. ¿Es líder de qué cosa? Su hijo se ha presentado varias veces y siempre ha perdido. Si no eres capaz de que elijan a tu propio hijo, ¿qué clase de líder eres tú?»

Martínez es un tipo corpulento con tez oscura, pelo cano, ojos claros y manos de boxeador. Se da un aire a Boris Yeltsin. Esta mañana luce una camisa amarilla de Ralph Lauren, unos mocasines marrones y unos pantalones de algodón. Su iPhone vibra a menudo y siempre mira quién llama antes de responder. Se repiten las demandas de televisiones y radios que lo quieren para comentar algún detalle de la actualidad.

Abandonó la alcaldía en 2005 pero sigue moviendo los hilos de la política demócrata en el sur de Florida. Mientras charlamos, lo llama por teléfono la dirigente demócrata Annette Taddeo, que aspira a arrebatarle al republicano Carlos Curbelo su escaño en la Cámara de

Representantes y le pregunta a Martínez si debe alquilar ya una oficina. «Pero ¡si quedan 15 meses para las elecciones!», lo increpa el alcalde. «Los consultores políticos no tienen piedad.»

La casa de Raúl Martínez se encuentra junto a un parque en el
extremo norte de Hialeah, sumergida en una espesura de higueras de
Bengala que recuerda los paseos señoriales del barrio rico de Coral
Gables. Aquí el político tiene portarretratos con fotos de sus nietos y
en las paredes decenas de cuadros de artistas hispanos que compra en
galerías y ferias de arte de la ciudad. También exhibe una colección de
águilas repartidas entre mesas, estanterías y vitrinas. «Ross Perot decía
que a las águilas tienes que encontrarlas una a una», dice enigmático.
«No vuelan en manada y siempre van por libre.»

Martínez nació en Santiago de Cuba en 1949 y llegó a Miami
con 11 años siguiendo los pasos de su padre, al que el régimen castrista expulsó de su puesto como presidente del sindicato de taxistas después de la revolución. Recuerda Martínez:

> Yo empecé a trabajar al llegar, con apenas 11 años. A las tres ter-
> minaba en el colegio y me iba a trabajar gratis a una gasolinera. Mi úni-
> co sueldo eran las propinas. Le echaba la gasolina a un cliente, le miraba
> el agua, el aceite y la presión de las gomas y luego alguno a lo mejor me
> dejaba cinco o 10 centavos. El sábado igual me sacaba un dólar o un dó-
> lar y medio. Así era la supervivencia. El domingo era el único día en que
> no trabajaba.

A medida que se hacía mayor, fue aceptando otros empleos algo
mejores. «Mi padre y yo comprábamos autos viejos, los arreglábamos
y los vendíamos», añade Martínez. «La vida no era fácil y sufríamos
el racismo. Los letreros aquí decían: *No children. No dogs. No Cubans.*»

Entonces los cubanos vivían en lo que hoy se conoce como
Little Havana. Pero poco a poco fueron mudándose al otro lado del
aeropuerto, a la ciudad de Hialeah, donde estaban los talleres de costura y las fábricas donde trabajaban y donde las viviendas eran mucho
más baratas que en otros lugares del condado de Miami-Dade.

«A mi padre se le ocurrió la idea de fundar una guía de televisión y luego un periódico que se llamó *El Sol de Hialeah*», dice Martínez.

Yo iba como reportero a las reuniones del ayuntamiento y allí veía a muchas personas mayores que llevaban a sus hijos pequeños como traductores. Enseguida me di cuenta de que lo que decían los concejales, lo que traducían los niños y lo que los padres contestaban era todo diferente. Los americanos eran muy duros con los cubanos y eso me convirtió poco a poco en una especie de defensor de la comunidad. Así fue como entré en política.

Al principio Martínez ni siquiera podía votar porque no era ciudadano americano. Luego se hizo demócrata siguiendo la estela del alcalde de Miami Maurice Ferré, un puertorriqueno que estuvo 12 años en el cargo. «Entonces todos los cubanos éramos demócratas», recuerda. «Luego muchos se cambiaron con la oleada aquella de Ronald Reagan y se convirtieron en la extrema derecha de los recalcitrantes. Yo me quedé por principios y porque prefería defender mis ideas desde dentro.»

A Martínez le gusta presumir de los programas sociales que puso en marcha como alcalde de Hialeah. Pero no habla del día en que le dio un puñetazo a un carnicero durante una protesta en 1999 ni de las denuncias que recibió por extorsión y fraude electoral. Presume de su poder. «Aquí en la ciudad, mientras yo era alcalde, no se movía nada que yo no hiciera. Yo decía que tú ibas a ser concejal y yo te hacía la campaña y la gente votaba por ti. Cuando me retiro, todos los republicanos se vienen a por mí porque era demócrata. ¡Pero no dijeron nada mientras estuvieron chupando de la teta!»

Se podría decir que Martínez es la oveja negra para los políticos más tradicionales del exilio cubano, que no comprenden su amistad con el matrimonio Clinton ni su apoyo al fin del embargo.

La gente suele decir: «If you make it in New York, you'll make it everywhere». Yo digo más bien: «Si triunfas en política en Miami, triunfas en cualquier parte». Aquí la política es un combate mano a mano. Cualquiera puede ir a las radios a decir disparates y luego los dueños de las emisoras no dejan que respondas por miedo a que la derecha les quite los anuncios.

Martínez ejerció varios cargos públicos de designación política en Florida durante sus años como alcalde. Pero eso no le impide cargar contra los políticos de carrera, a quienes acusa de tener la moral «al nivel del pecho del grillo» y de «querer vivir sin trabajar».

«Es algo que puede aplicarse a Marco Rubio», explica muy serio.

Mi madre trabajó en un taller de costura y le pagaban con un cheque sin fondos. Como ella era ilegal, no podía poner un pleito y yo era su traductor. Por eso a mí me emociona escuchar a Marco hablando de la madre que limpió casas y del padre que sirvió copas en un hotel. Pero ¿por qué Marco no habla de sí mismo? Él era el príncipe de sus padres y se ha creído que Dios lo ha puesto en esta tierra para ser el que va a salvar el mundo. Pero empezó su carrera política como un enchufado. Primero entra en un bufete. Cuando sale electo, lo ponen en otro y luego en otro donde le pagan 300.000 dólares. ¡Decían que era consultor de uso de tierra! ¡A saber lo que quiere decir eso! Un consultor verdadero no se gana 300.000 dólares al año. Quien cobra ese sueldo debe producir 700.000 u 800.000 dólares para que el bufete pueda pagar además a la secretaria y a la recepcionista. Ese sueldo no era normal.

Y sin embargo Martínez no era tan crítico con Rubio durante sus primeros años en Tallahassee, cuando ayudó al joven político a abrirse camino en una ciudad que conocía mucho mejor que el joven legislador. El alcalde viajaba a menudo a la capital del estado desde los años ochenta, cuando se convirtió en asesor del senador Bob Graham y en presidente de la asociación de municipios y de la comisión de asuntos hispanos de Florida. Al principio el único cubano en Tallahassee era el republicano Roberto Casas y el otro único hispano era Elvin Martínez, natural de Tampa y nieto de cuatro emigrantes españoles. «En Miami nadie conocía a esas personas ni a los legislado-res de otras ciudades», recuerda. «Yo enseguida me di cuenta de que tenía que beber más que ellos y mantener una buena relación con aquella gente si quería ayudar a mis vecinos. Así fue como recorrí el estado. No lo hice en avión ni en un jet privado sino al volante de mi auto. Iba a Orlando, a Tampa o a Jacksonville y a pueblos que no sa-bía que existían.»

Puso enseguida aquellos contactos al servicio de Rubio, a quien vio como un aliado en su lucha por defender los intereses de su ciudad. Quedaban para cenar y le presentaba a los veteranos de Tallahassee. «Con unas copas de vino, Marco es un individuo muy cómico», dice enigmático, pero recula· «Esos detalles no los contaría ni aunque mi amiga Hillary estuviera a punto de perder contra él.»

Entonces los partidos no estaban tan polarizados y eran comunes las alianzas entre demócratas y republicanos. Al llegar a Tallahassee, Rubio habló con Martínez sobre la posibilidad de que su colega Gas-ton Cantens fuera el primer *speaker* cubano de la Cámara de Repre-sentantes. El alcalde enseguida se dio cuenta de que Cantens no tenía los votos y dirigió al joven Rubio en otra dirección. ¿Por qué no lan-zar su propia candidatura para ser *speaker* dos años después?

«Al decírselo se fue algo asustado», asegura Martínez, que ayudó a Rubio durante una campaña donde debía convencer a cada legisla-dor. «Yo entonces ya me estaba retirando y no veía a Marco como re-publicano sino como un cubano que podía ocupar una posición muy importante. Pero entonces hizo algo que no me gustó y me di cuen-ta de quién era. Hay cosas que uno no puede negociar.»

El asunto que enfadó a Martínez tiene que ver con la pugna his-tórica entre los habitantes del norte y el sur de Florida. «Aquí el cos-te de la vida es mucho más alto», explica el ex alcalde.

Si uno trabaja por ejemplo en la cárcel de Umatilla, al norte de la Florida, con menos dinero vive mejor. Había un pago diferencial. Como un 5 por ciento adicional que recibían todos los empleados pú-blicos en el sur de la Florida y que un senador de Jacksonville siempre quería quitar. Durante su negociación con él, Rubio se comprometió a quitar ese diferencial. Entonces fue cuando me di cuenta de que a Marco sólo le interesa Marco. Le pedí explicaciones y me dijo que daría marcha atrás pero nunca lo hizo y quedó como un traidor.

A Martínez desde entonces no le gusta Rubio; le parece un político sin sustancia que sólo piensa en sí mismo. Asegura que el candidato intentó arreglar su relación pero esta vez no tuvo éxito.

«Al abandonar Tallahassee, Marco no sabía qué hacer y me invitó a tomar café en una *bakery* de West Miami. Me preguntó si yo le apoyaría si se postulaba a responsable del condado de Miami-Dade. "Yo no puedo apoyarte ni si te postulas para recoger perros", le dije. "Alcalde, estás siendo muy fuerte conmigo", me respondió.»

Al principio Rubio trabajó como consultor para el bufete que lo había contratado en 2004 y redondeó sus ingresos como profesor universitario y como contertulio del canal hispano Univision.

El incentivo no era tanto el dinero como su voluntad de seguir siendo más o menos popular. Pero enseguida recibió un encargo distinto: explicar las claves de su carrera fulgurante a republicanos de todo el país. La gira la organizaba un grupo impulsado por Newt Gingrich y dirigido a llenar las cámaras estatales de políticos conservadores. La experiencia de aquellos meses lo ayudó a tejer una red de contactos en otros estados y fue muy útil para Rubio unos meses después.

El senador republicano Mel Martínez desveló en diciembre de 2008 que no se presentaría a la reelección. El anuncio abría un hueco muy atractivo para un líder ambicioso como Rubio pero también para otros aspirantes. «Varias personas con las que tenía confianza (incluido el propio Mel) me dijeron que Jeb se lo estaba pensando en serio», cuenta Rubio en su autobiografía. «Jeb aún era muy popular en el estado. Si decidía presentarse, nadie podría desafiarlo en unas primarias y desde luego tampoco yo.»

Rubio podría haber esperado a que Jeb deshojara la margarita pero su impaciencia se lo impidió. El día antes de la Nochebuena de 2008 subió a verlo en su oficina y se fue convencido de que su antiguo mentor pronto se postularía como aspirante a senador.

Unos días después, Rubio estaba trabajando cuando recibió la llamada de Jeb, que lo sorprendió diciéndole que no iba a presentarse. «Me preguntó si me interesaba presentarme y le dije que me lo estaba pensando», explica el senador republicano. «Me animó pero de un modo cauto. Como si no estuviera seguro de que mis finanzas y mi vida familiar estuvieran preparadas para ese desafío. Sonaba cansado y con prisa. Supongo que le quedaban varias llamadas similares por hacer.»

Durante los primeros meses de 2009, Rubio se preguntó si merecía la pena presentarse. Estaba el problema del dinero: su firma había aceptado sus ausencias durante sus años en Tallahassee pero no estaba tan claro que fuera a ser tan comprensiva durante los dos años que duraría esta carrera electoral. Y aunque lo hicieran sería un riesgo lanzar su campaña mientras estuviera asociado con la firma: sus clientes serían objeto de investigación.

Aun sin tomar la decisión, Rubio reactivó sus contactos con donantes y empezó a hablar en cada club republicano del estado. A menudo se despertaba antes del amanecer y volvía a Miami de madrugada después de una jornada en coche para recorrer varias ciudades de Florida. Temeroso de dormirse al volante, bajaba las ventanillas, encendía al máximo el aire acondicionado y disparaba el volumen de la radio con raperos favoritos como Pitbull o Snoop Dogg. Si el método no funcionaba, aparcaba en el arcén y llamaba a alguien de la familia, casi siempre a su esposa Jeanette.

Al principio nadie creía que Charlie Crist fuera a presentarse. No tenía ningún motivo aparente para abandonar Tallahassee: su reelección como gobernador lo habría situado como uno de los favoritos para la carrera republicana a la Casa Blanca. Pero su entorno filtró que se lo estaba pensando y que tomaría una decisión al final de la sesión legislativa que concluía en mayo de 2009.

Lo primero que pensó Rubio es que podía competir por el puesto que dejaba vacante Charlie Crist. Su experiencia en la Cámara de Representantes y su conocimiento de la política del estado lo convertían en un buen aspirante a gobernador. El rival en la carrera al Senado sería, en cambio, más difícil de batir. «No es muy inteligente competir por un escaño con un gobernador en ejercicio que tiene un índice de popularidad del 70 por ciento», le recordó su amigo republicano Dennis Baxley unos meses antes de su decisión.

Pero el contexto político de 2009 animó a Rubio a lanzarse a la carrera. El rescate bancario y los estímulos fiscales del nuevo presidente habían despertado el movimiento ciudadano del Tea Party, una mezcla peculiar y cambiante de republicanos muy tradicionales preocupados por el aborto y libertarios contrarios a la presión fiscal. Sus miembros empezaron a invitar a sus eventos en Florida al joven líder republicano, encantado de mantener el contacto con el electorado conservador.

«Mi experiencia es que la mayoría de las personas que conoces en actos así son personas normales», dice Rubio en su autobiografía. «Son dentistas, profesores, contables y albañiles. Muchos nunca han sido parte de un movimiento político pero están asustados por la dirección que está tomando su país y se sienten obligados a expresar su oposición.»

El impulso del Tea Party habría servido de poco si no fuera por el error estratégico que cometió Crist el 10 de febrero de 2009 durante un evento del presidente en Fort Myers, en el sudoeste de Florida. Barack Obama acababa de presentar su plan de estímulo fiscal y visitó el sur de Florida dentro de una gira para promocionar aquel programa de inversiones públicas y desgravaciones fiscales por valor de 800.000 millones de dólares. El plan era entonces muy impopular.

Obama necesitaba un gobernador republicano que validara su política económica. Con un canto al «consenso», Crist apoyó el plan del presidente. Presentó a Obama y, antes de dejar el atril, lo saludó en el podio con un medio abrazo de apenas un segundo. El gesto, que según Crist inició el presidente, perseguiría al gobernador republicano durante toda la campaña. Pero aquel día no le pareció mala idea mientras cientos de personas gritaban a su alrededor «Yes, we can».

Aquel abrazo desató la furia de los activistas republicanos de Florida y convenció a Jeanette de que su esposo debía presentarse. Entonces Rubio tenía dudas y le sugirió a su mujer que podría perder con facilidad. «Supongo que lo único que quieres es el cargo», dice el político que le espetó su esposa, mucho más segura que él entonces.

Cuando Rubio anunció su candidatura el 4 de mayo de 2009 presentó a Crist como una marioneta del presidente Obama. Pero su retórica no evitó que el gobernador enseguida lograra el respaldo de figuras importantes como John Cornyn, Mel Martínez o Mitch McConnell. «Toda la batería del partido republicano estaba con su oponente», recuerda Rebeca Sosa. «Siempre ha habido una tendencia de los republicanos más viejos a tener ciertos compromisos y a irse con personas que sirvieron con ellos.»

Hubo un solo senador que se interesó por Rubio: el sureño Jim DeMint, que acababa de lanzar un fondo para respaldar candidatos conservadores. El discurso de aquel joven emocionó al viejo senador hasta el punto de arrancarle las lágrimas. «Uno se endurece mucho en Washington pero pensé que Marco era un tío de verdad», recordaría después. «Uno no encuentra mucha gente como él.»

El respaldo del senador DeMint ayudó a sostener la moral de Rubio. Pero su carrera parecía un barco a la deriva durante el verano de 2009. Así lo reflejaban las cifras de recaudación del segundo trimestre. Crist había sacado unos cuatro millones de dólares. Marco, apenas 340.000.

Los sondeos colocaban al joven aspirante 30 puntos por detrás y el *establishment* republicano de Florida intentó encontrar una salida incruenta a la situación.

El emisario fue el dirigente Al Cárdenas, en cuyo bufete Rubio había logrado su primer empleo y con el que había trabajado en varias campañas desde 1992. Cárdenas le citó a desayunar y le sugirió que lo mejor era abandonar la carrera al Senado y presentar su candidatura a fiscal general.

Al joven le quedaban unos pocos fieles que no querían que abandonara. Sus mejores amigos estuvieron varias veces en su casa para convencerlo de que siguiera en la carrera. Algunos defienden que su idealismo les animaba a creer que Rubio ganaría pese a lo que decían las encuestas y la recaudación. «El otro sólo quería un trabajo mientras Marco quería hacer cosas», asegura Carlos López-Cantera, que entonces ayudaba a Rubio y que en 2010 fue elegido vicegobernador.

David Rivera llevó un póster gigante para ir apuntando qué se podía hacer para ganar. «Sabía que él podía y quería que lo entendiera... Su habilidad para comunicar y su pasión por las políticas y las ideas hacen de él un político formidable», cuenta el fiel Rivera. «Yo viajaba por todo el estado y notaba que había mucha insatisfacción. Había deseo de Marco en la carrera y yo sabía que los sondeos no eran acertados. Además, conocía a Marco», dice el republicano, que fue lugarteniente constante hasta que los escándalos lo obligaron a desaparecer del entorno de Rubio y de la primera línea de la política.

Pese a la insistencia de un puñado de amigos, la oferta de Cárdenas confundió a Rubio, que estuvo a punto de tirar la toalla. Cree que lo hubiera hecho si no fuera por la intervención involuntaria de Brendan Farrington, reportero político de la agencia Associated Press.

Farrington y Rubio iban juntos en un coche camino de un acto en Pensacola cuando una fuente le contó al periodista que Rubio había decidido abandonar. Cuando Farrington le preguntó a bocajarro si era cierto, el político evaluó en su mente qué debía hacer. Si mentía, perdería crédito ante la prensa y ante sus votantes. Si decía la verdad, daría una exclusiva al reportero antes de desvelar sus intenciones a sus seguidores y a sus donantes.

Rubio le dijo al periodista que no iba a dejar la carrera al Senado y se conformó con que ésa tendría ser que la verdad. «Respondió rápido. Estuvimos hablando sobre ello un buen rato. Me di cuenta de que estaba frustrado pero no diría que enfadado. Entonces le creí», cuenta Farrington, sorprendido del papel que tuvo en la vida del senador, que cita al periodista en la primera frase de su autobiografía.

Decidido a no abandonar pese a los obstáculos, Rubio necesitaba recaudar un millón de dólares antes del final del tercer trimestre de 2009. Lo primero que hizo fue despedir a su joven jefe de campaña y contratar a Pat Shortridge, un veterano de Minnesota que lo ayudó a pulir su mensaje y mejorar su recaudación.

El descrédito de Crist entre los republicanos más conservadores no impidió que el gobernador recibiera el respaldo de dirigentes como Al Cárdenas, que en agosto anunció su apoyo al gobernador. Pero el viento empezó a cambiar unos días después, cuando Rubio se escapó durante unas horas a Washington para conocer al ideólogo republicano Bill Kristol y para tomarse un café con el consejo editorial de la publicación conservadora *National Review*.

Aquel encuentro que estuvo a punto de no celebrarse por problemas de agenda sería providencial para el aspirante, cuya imagen de brazos cruzados apareció en la portada del siguiente número de la revista con el sugerente título «Yes, HE CAN».

La historia de portada la firmaba el periodista John J. Miller e incluía una cita de Jeb Bush. «Es un líder carismático y tiene los principios correctos», decía el ex gobernador sobre su pupilo. Tardaría meses en expresar un apoyo más formal, que anunció sólo cuando se aseguró de que Rubio era el caballo ganador.

La portada de *National Review* fue un punto de inflexión en la campaña. Disparó los eventos y las donaciones y convirtió a Rubio en una figura de talla nacional. Su entorno empezó a recibir invitaciones a las mansiones de Manhattan y de los Hamptons. De pronto los grandes donantes republicanos querían saber quién era aquel joven prodigio que se había lanzado a una campaña que a priori no tenía posibilidades de ganar.

Primero llegó el respaldo de líderes nacionales como Mike Huckabee o Rudy Giuliani. Luego el apoyo de organizaciones conservadoras como Fiscal TaxWatch o Heritage Foundation y el dinero de millonarios como los hermanos Fanjul o Norman Braman.

Rubio se ganaba al público en los eventos con una mezcla de energía y humildad. En diciembre de aquel año habló ante 400 personas reunidas en el hotel Biltmore de Coral Gables para una comida de recaudación del grupo US-Cuba Democracy de Mauricio Claver-Carone. Por primera vez estaban los cuatro candidatos aspirantes. Los otros tres eran mayores que él: los demócratas Kendrick Meek y Maurice Ferré y el republicano Crist. Rubio era el más joven del grupo y también el único cubanoamericano. Se dirigió con modestia al auditorio reconociendo que él no había sufrido los malos tiempos por los que había pasado la mayoría. Dijo que poco podía decir a ese auditorio sobre Cuba e hizo una defensa de los principios frente a los intereses comerciales. Sus palabras fueron las más aplaudidas. Se ganó al público explotando uno de los rasgos que más repiten los que lo conocen como político: su capacidad para adaptar el mensaje a la audiencia. «No es el clásico político de "aquí traigo mi discurso en la bolsa"», dice la locutora Ninoska Pérez, que recuerda bien aquel evento como un hito en aquella carrera.

Unos días antes de Navidad, la firma demoscópica Rasmussen situó a Crist y a Rubio empatados por primera vez durante la campaña. Unas cifras que se convirtieron en 20 puntos de ventaja para el joven aspirante a finales de marzo de 2010.

Acorralado por el desplome en los sondeos, el entorno de Crist desveló el escándalo de la tarjeta American Express y sembró dudas sobre las deudas del matrimonio Rubio. Pero las acusaciones no lograron desinflar los números del aspirante, que aumentó su ventaja hasta los 30 puntos durante la primavera de 2010.

Al ver que no podría ganar las primarias republicanas, Crist decidió presentarse como independiente. El anuncio arruinó las posibilidades del congresista afroamericano Kendrick Meek, que había ganado las primarias demócratas pero era poco conocido en Florida a pesar de ser el hijo de una popular congresista, Carrie Meek.

El *establishment* demócrata fue muy tibio a la hora de respaldar a Meek. Varios medios publicaron que Bill Clinton le había sugerido que abandonara la carrera y ofreciera sus votos a Crist.

La presencia de Meek en la campaña ayudó a apuntalar la ventaja de Rubio, que demostró su solidez en los siete debates televisados que se celebraron antes de la jornada electoral.

La explosión de una plataforma petrolera de BP en el golfo de México fue un balón de oxígeno para el gobernador, que recorrió las playas afectadas y presentó a su adversario republicano como una criatura de las petroleras que no creía en los peligros del calentamiento global. Algunos asesores animaron a Rubio a suavizar su mensaje para evitar la ofensiva de su adversario pero el aspirante no abandonó sus propuestas más estridentes. Para entonces era uno de los iconos de la insurgencia conservadora que estaba a punto de invadir el Capitolio. Era demasiado tarde para cambiar.

Unos días después de su triunfo en las primarias republicanas, Rubio abandonó la campaña para atender a su padre, al que le habían diagnosticado unos meses antes un cáncer de pulmón.

Rubio cuenta el dilema que sintió al ver sufrir a su padre durante la agonía. Una enfermera le dijo que una dosis de morfina aliviaría el sufrimiento pero le sumiría en un sueño del que no volvería a despertar.

Fue Rubio quien tomó la decisión de recurrir a la morfina y quien permaneció esa noche al lado de su padre. Unas horas después de su fallecimiento, escribió la entrada en su página de Facebook que después utilizaría en sus discursos: «Mi padre era el que estaba detrás de la barra del bar. Pero trabajó toda su vida para que sus hijos hicieran el viaje simbólico desde detrás de esa barra hasta detrás de un atril».

Unos días después, Rubio volvió para encarar la recta final de la campaña. El *Tampa Bay Times* desveló que había respaldado la construcción de unos juzgados de Tallahassee que habían costado 48 millones de dólares y que la prensa había bautizado con sorna como el Taj Mahal. Algunos colegas confirmaron la historia pero era demasiado tarde para despojar de su ventaja a Rubio.

Fue elegido senador el 2 de noviembre de 2010. Ese día su madre cumplió 80 años. En la fiesta de celebración, Oriales estaba en el escenario con su hijo en el patio del hotel Biltmore, rodeada de confeti. «Me emocioné sólo mirándola», escribe Rubio.

Aquella noche había cumplido los sueños por los que dice que lucharon sus padres en una carrera sorprendente. Es difícil encontrar una remontada tan espectacular como la del joven líder hispano, que derrotó por 20 puntos al gobernador de su estado después de aguantar durante muchos meses 50 puntos por detrás.

La hazaña la logró sin el apoyo explícito de muchos de sus colegas cubanos de Miami, que optaron por permanecer a la espera o respaldar a Crist.

Así lo hicieron por ejemplo los hermanos Mario y Lincoln Díaz-Balart. «Marco es un hombre maravilloso, con integridad y una gran pasión», dijo Mario en julio de 2009 al ponerse junto a Crist. «Este respaldo no es una crítica de nadie sino el apoyo a una persona con la que he trabajado y a la que he visto tomar decisiones difíciles.»

Unos meses después, los Díaz-Balart le retiraron el apoyo a Crist. Pero no por su abrazo al presidente Obama o por el ascenso del aspirante cubanoamericano, sino porque el gobernador había incumplido su promesa de designar a uno de sus protegidos como juez.

«Uno de los recuerdos más desagradables que yo tengo fue la asociación con Charlie Crist, que resultó ser un personaje vergonzoso», dice cabizbajo en su despacho Lincoln Díaz-Balart cuatro años después. «Yo lo apoyé porque él era el gobernador y teníamos una buena relación. Una figura así tiende a ser el titular y su triunfo parece inevitable. Luego le dejé de apoyar porque rompió su palabra. No recuerdo una mentira tan burda y tan grotesca.»

¿Los cortejó Rubio durante la campaña? «No lo hizo», dice muy seco Lincoln. «Nunca hubo un intercambio. Que Marco fuera cubano era importante pero sólo hasta cierto punto. En la política uno ofrece su palabra y nosotros nunca hemos roto la nuestra. Hubo un momento en que fue evidente que Marco era el hombre y menos mal que se postuló. Fue una decisión más que brillante y con consecuencias extraordinarias.»

¿Por qué no apoyaron a Rubio los patricios del exilio cubano?

«Es extraño porque a la larga el cubano va a buscar al cubano», dice el demócrata Raúl Martínez. «No lo apoyaron en 2010 y no lo apoyan ahora. Yo me imagino que eso tiene que ver con la envidia. Rubio logró algo que los Díaz-Balart no pudieron lograr.»

A Martínez le llama la atención que ninguno de los grandes padrinos de Rubio respalde ahora su carrera presidencial. «Marco no se postula porque quiera ganar sino porque quiere ser millonario», proclama. «Es un cobarde y un político sin espina dorsal.» Añade Martínez:

Cuando Marco deja de ser *speaker*, no tiene adónde ir. Se le iba a acabar el dinero que estaba ganando porque a esos bufetes de abogados tú les sirves por un tiempo pero luego les dejas de servir. Entonces se presenta al Senado, encuentra cómo dividir el voto de Charlie Crist y gana. Desde entonces tiene una de las peores hojas de servicio como senador pero ha escrito dos libros con los que ha pagado sus deudas. Estoy seguro de que Marco ha hecho el cálculo. Ahora pierde y se queda dos años fuera. Luego uno de estos millonarios judíos como Norman Braman o Sheldon Adelson le pone un sueldo de uno o dos millones de dólares y se presenta en 2018 ya como millonario a gobernador.

7

El pescado

Lo primero que hace Marco Rubio cuando se acerca al micrófono en el podio ante la convención republicana en Tampa es improvisar una broma. «Creo que acabo de beberme el agua de Clint Eastwood», dice mientras sujeta sonriente una botella de plástico.

En esta noche pegajosa de agosto de 2012, el cineasta lo ha precedido en la sesión en la que le toca presentar a Mitt Romney como el candidato republicano que se batirá contra Barack Obama en la carrera presidencial. Eastwood ha sido el invitado sorpresa y ha dado un discurso sin preparar que incluía un diálogo con una silla vacía que representaba a Obama. La intervención de Eastwood ha recibido muchos aplausos pero también ha desconcertado con sus excesos fuera del guión.

En la convención ha habido cierto tumulto. Las lluvias torrenciales que ha traído el huracán Isaac han obligado a acortar un día de discursos y se ha producido un intento de motín de los seguidores del libertario Ron Paul, que querían que se hiciera un recuento de los apoyos de su candidato aunque fuera de manera simbólica y que han acabado a gritos por los pasillos del pabellón. Paul, el ídolo septuagenario, incluso ha organizado su propia celebración al margen de los actos oficiales con un espectáculo de música estridente en una sala oscura iluminada por focos fluorescentes.

En Tampa se respira tensión. Pero para Rubio la convención es la gran oportunidad de lucirse ante el electorado nacional. Las cámaras y la atención del partido están puestas en el telonero del candidato. Rubio acaba de cumplir 41 años y éste es su momento.

El fondo rojo brillante del escenario y de la alfombra donde se reparten por estados los delegados combina con la corbata del senador, que lleva un pin de la bandera americana de tamaño bien visible para las cámaras. En el escenario se proyectan imágenes en blanco y negro de Estados Unidos, entre ellas una de la Estatua de la Libertad y otra del Golden Gate de San Francisco. Rubio cumple el protocolo de empezar con un par de chistes sobre su papel: «No hace mucho era el candidato rezagado. La única gente que pensaba que podía ganar vivía en mi casa. Cuatro de ellos tenían menos de 10 años», dice. También repite el consejo básico que le han dado sus colegas al ser interrogados sobre ideas para el discurso: «No la cagues».

Rubio podría haber estado en ese escenario durante más tiempo. Estuvo entre los dirigentes a quienes Romney evaluó como posibles aspirantes a la vicepresidencia. Al final el candidato se decantó por Paul Ryan, congresista de Wisconsin y joven como Rubio pero con más años de experiencia en el Capitolio y un pasado más fácil de explicar.

El discurso de Rubio dura 17 minutos y sus palabras están moldeadas por el equipo de campaña de Romney. El texto incluye detalles de la historia personal del candidato a presidente y destaca el esfuerzo de su familia durante la Gran Depresión, algo que puede conectar al cubanoamericano con el millonario mormón. Pero sobre todo Rubio aprovecha sus minutos de gloria televisiva para hablar de su propia historia.

Empieza pidiendo «plegarias» para que «la libertad llegue pronto a Cuba». Esta noche la sala lo aplaude con ganas y el orador se comporta como un profesional. Mira a la cámara, señala al público, abre los brazos, extiende las manos y sonríe a menudo.

Han pasado menos de dos minutos cuando cita a su abuelo Pedro. Habla de la primera convención que vieron juntos (sin decir que fue la demócrata de Nueva York y que de niño era seguidor de Ted Kennedy), de la polio que ayudó a Pedro a ir a la escuela en Cuba y de los puros que se fumaba en el porche. «Sus sueños se convirtieron en imposibles. Pero no había ningún límite a lo lejos que podía llegar yo porque era americano», dice Rubio. Es el argumento más suyo: las frustraciones de su familia y la excepcionalidad de Estados Unidos como el lugar que le ha permitido construir su propio destino.

De pasada Rubio inserta algún párrafo contra el presidente Obama por la expansión del gasto público, el crecimiento de la deuda, el aumento de las regulaciones o sus fines de semana jugando al golf («¿Creéis que está viéndonos esta noche?», pregunta con sonrisilla de pillo). Pero la mayoría de su mensaje es positivo y gira en torno a su experiencia. «Nadie debe estar atrapado en las circunstancias de su nacimiento. Debemos ser libres para llegar tan lejos como nos lleven nuestro talento y nuestro trabajo», dice. También menciona a la familia y a Dios como valores que unen a los americanos: «Vivimos tiempos difíciles, pero América siempre va de nuevos comienzos. Si estamos dispuestos a hacer por nuestros hijos lo que nuestros padres hicieron por nosotros, la vida en América puede ser mejor que nunca».

Rubio resume así la vida de sus padres:

> Mi madre era una de siete hermanas cuyos padres se iban a menudo a la cama con hambre para que sus hijos no lo hicieran. Mi padre perdió a su madre cuando tenía nueve años. Tuvo que dejar el colegio para ponerse a trabajar; trabajaría durante los siguientes 70 años de su vida. Emigraron a América con poco más que la esperanza de una vida mejor. Mi padre era *barman*. Mi madre era cajera, limpiadora de hotel, dependienta en Kmart. Nunca ganaron mucho. Nunca se hicieron ricos. Pero tuvieron éxito. Porque, unas décadas después de dejar la desesperación, hicieron posible para nosotros todas las cosas imposibles para ellos.

Y aquí mete una frase en español citando lo que solía decir su padre: «En este país ustedes van a poder lograr todas las cosas que nosotros no pudimos». El español con su suave acento cubano gusta. La delegación de Florida lo jalea casi sin interrupción: «¡Marco! ¡Marco!». Una parte del auditorio entiende al senador pero él enseguida traduce al inglés.

El fragmento más aplaudido es el que habla de su padre: «Él estuvo detrás de la barra del bar todos esos años para que un día yo pudiera estar delante de un podio. Ese viaje desde detrás de la barra del bar hasta detrás de este podio es la esencia del milagro americano. Somos especiales porque los sueños que son imposibles en cualquier otro sitio se convierten en realidad aquí».

Su madre está viéndolo desde casa en West Miami. Su padre, muerto, «desde dondequiera que esté». Para Rubio ese momento es la «afirmación» de que las vidas de sus progenitores «importaron».

El senador ha cumplido con su misión tranquilo, cercano y leyendo bien el *teleprompter*, la pantallita a la que no está acostumbrado porque lleva años improvisando discursos desde sus días como concejal. Apenas se le notan los nervios. Pero dice que los tiene desde las pruebas en el escenario del día anterior.

«¡39 millones de personas!», exclamaba unas horas antes del discurso pensando en la audiencia a la que podría llegar. Más que nunca en su carrera.

En la convención, los reporteros se disputan al hombre que Romney consideró como vicepresidente y que ya suena como posible candidato a la Casa Blanca. Sus portavoces cumplen una vez más su trabajo de empujarlo hacia la siguiente cita. Él hace de *poli bueno* y sonriente se detiene ante quien lo aborda. Al pasar al español, habla más despacio y su acento cubano endulza su discurso. Dice que aún no ha aprendido a no contestar y seguir andando cuando lo aborda algún periodista como suele ver que hacen sus colegas en el Senado. Sus formas tienen algo de cortesía antigua.

Su biografía y su discurso en la convención recuerdan la excepcionalidad americana, que ha convertido en el eje de sus campañas. Uno de sus lemas es que Estados Unidos no debe parecerse a Europa ni al resto del mundo. Rubio dice que sólo en el país que acogió a su familia los europeos cumplen sueños como el suyo.

«Una de las cosas que ha hecho grande a este país es que han venido personas de todas partes del mundo, obviamente también desde Europa, y han podido lograr sueños que fueron imposibles en su propia tierra. Eso es algo que nos distingue de otros países», explica el senador.

Su planteamiento constante lleva a Ronald Reagan y a su política económica, que inspiró a una parte del Tea Party. Rubio plantea las elecciones como un dilema entre dos modelos: el que lleva a un Estado grande y *padrino* y el que se conforma con un Estado federal más limitado y con menos controles a las empresas. La experiencia familiar ofrece para él un ejemplo constante que encaja con su mensaje político: «Aunque mis padres eran humildes trabajadores yo me he beneficiado del sistema de libre empresa que este país representa».

Romney lo consideró hasta el último momento como posible complemento para intentar vencer a Obama por los rasgos que le faltan al empresario millonario y ex gobernador de Massachusetts. Rubio es joven, de familia humilde y de Florida, el estado sin el que los republicanos tienen muy difícil ganar cualquier elección nacional. Tiene el atractivo hispano: miembro del electorado ascendiente que más le escapa a los candidatos republicanos desde George W. Bush.

Más allá del discurso formal, la convención es una oportunidad para mezclarse con los delegados de todo el país y con los periodistas, que ya perciben la convención de 2012 como un preludio de la de 2016. Por la mañana, cuando no hay discursos, Rubio se acerca a las gradas azules donde se coloca la prensa en la convención. La mayoría de los asientos están vacíos a primera hora pero son el lugar de encuentro para las citas entre bambalinas. Sus palabras suenan a crítica a sus colegas republicanos, en particular por la retórica sobre la inmigración.

Rubio defiende la necesidad de cambiar el discurso en un partido que le ha empezado a hacer sufrir también a él en el Capitolio. En la convención se aprueba un programa oficial, llamado plataforma, que incluye la promesa de más deportaciones y recortes de fondos a las universidades que admitan a inmigrantes sin papeles. Rubio dice no haber leído los detalles de un documento que en realidad es simbólico y no coincide con el programa de Romney. Pero no se siente cómodo con lo que escucha y aconseja a los suyos que cambien el mensaje. «El partido republicano tiene que ser el partido de la inmigración legal, no el partido contra la inmigración ilegal», repite varias veces. Reconoce que Estados Unidos tiene un problema «humanitario» por los millones de indocumentados que ya viven en el país pero pide equilibrio: «No vamos a dar una amnistía a 12 millones de personas ni a deportar a 12 millones de personas. En algún lugar entre esos dos extremos está la solución, pero nunca llegaremos allí mientras este asunto siga tan politizado y los dos partidos lo utilicen para atacarse el uno al otro, para recaudar dinero y para ganar elecciones».

La elección de Rubio para la noche más importante de la convención forma parte de un intento de prestar atención al electorado latino y de mostrar diversidad. El hijo pequeño de Romney, Craig, se presenta hablando en el español que aprendió gracias a su misión como mormón en Chile, Jeb Bush también se refiere a su «querida Florida» en el idioma de su esposa mexicana y un vídeo martillea con estrellas hispanas como Susana Martínez, gobernadora de Nuevo México.

Rubio no quiere charlar sobre el proceso de selección para el candidato a vicepresidente. Sólo repite que Romney hizo una «buena elección» con Paul Ryan. Pero Rubio ha pasado unos meses agitados con la tensión de saber cómo de cerca podía estar de la Casa Blanca en verano.

A principios del año, parecía el político más deseado entre los aspirantes republicanos. Al menos mientras buscaban su apoyo ante las cruciales primarias en ese estado. En el debate del 26 de enero en Jacksonville, tanto Newt Gingrich como Mitt Romney, entonces empatados en las encuestas, lo mencionaban como una buena opción para vicepresidente. El tercer candidato en discordia, Rick Santorum, decía que era «un tipo muy impresionante» y todos querían su apoyo. Ninguno lo consiguió entonces, aunque Rubio salió en defensa de Romney cuando un anuncio de la campaña de Gingrich acusó al rival de ser «anti-inmigrante» y de estar dando trabajo a personas de la campaña de Charlie Crist, el denostado ex gobernador de Florida, que para esa época ya se había pasado a los demócratas. Rubio aseguró entonces que «Romney no es Charlie Crist» y lamentó que se utilizara la inmigración como arma arrojadiza entre republicanos. Después de las quejas de Rubio, la campaña de Gingrich retiró ese vídeo. Romney presumió de ello en el debate: «Me alegro de que Marco Rubio te llamara la atención», le dijo a su rival en Jacksonville. Rubio no apoyó a Romney de manera oficial hasta finales de marzo, cuando el líder de la carrera estaba más claro aunque Santorum y Gingrich siguieran haciendo campaña y acumulando delegados.

Los candidatos se le acercaban por la conveniencia de su origen y de su estado. Pero el nombre de Rubio ya sonaba para llegar más lejos entre los políticos nacionales. «Es nuestro Barack Obama pero con sustancia», decía Mike Huckabee, aspirante en las primarias republicanas a la Casa Blanca en 2008 y en 2016. «Un día diré "hola" a Rubio en el número 1.600 de la avenida Pennsylvania», repetía Al Cárdenas, el *padrino* del bufete que traicionó a Rubio durante la campaña al Senado, que después lo ensalzó y que en 2015 volvería a darle la espalda.

El novato se había colocado bien en las comisiones de Política Exterior y de Inteligencia del Senado y había llamado la atención con un par de discursos. Muchos recordaban en especial su debut en el Senado con el primero, titulado «El nuevo siglo americano» y cuyos temas repetiría durante años.

Lo pronunció el 14 de junio de 2011, cinco meses después de llegar a Washington y tras haber preparado el terreno al concentrar sus actos públicos en Florida y hablar poco con la prensa nacional mientras hacía contactos y construía una base de donantes. Respetó la tradición de esperar a que sus colegas veteranos hubieran intervenido, a diferencia, por ejemplo, de Rand Paul, hijo de Ron y senador por Kentucky, que dio su primer discurso menos de un mes después de tomar posesión. Rubio ni siquiera había tuiteado nada desde su elección. Su primer tuit fue para anunciar la esperada intervención.

El nuevo de Florida pronunció un discurso muy bien preparado. Durante 14 minutos habló del excepcionalismo de Estados Unidos, del exceso de regulación y del gasto público. Había pasado menos de un minuto en el podio del Senado cuando pronunció una de sus frases favoritas durante años: «Estados Unidos empezó con una verdad muy poderosa, nuestros derechos como individuos no vienen de nuestro Gobierno. Vienen de nuestro Dios». Mencionó a sus padres, defendió el «milagro americano» y la promesa de un siglo XXI que siga «perteneciendo» a Estados Unidos. «Tenemos demasiada gente en ambos partidos que ha decidido que las próximas elecciones son más importantes que la próxima generación», se quejaba Rubio, entre los reproches a sus colegas y las ganas de un destino más heroico. «Todos somos descendientes de hombres y mujeres que construyeron la nación que salvó al mundo.»

Cada vez más suelto, aquel verano Rubio se atrevió a más actos fuera de Florida. Su gira en California en agosto tenía aire electoral. Dio un discurso en la Biblioteca Presidencial de Ronald Reagan. Entró en la sala del brazo de Nancy Reagan e incluso la salvó de un buen golpe cuando la ex primera dama, de entonces 90 años, estuvo a punto de caer al suelo. Fue una de las primeras veces en que desmintió su intención de ser vicepresidente. «No tengo ningún interés en ser vicepresidente de cualquiera que vaya a estar ocho años de presidente», proclamó.

Durante meses se dedicó a trabar amistad con senadores de ambos partidos. Consiguió que John Kerry, entonces senador demócrata por Massachusetts, hablara de lo mucho que trabajaba el cubanoamericano y de sus capacidades. En febrero de 2012, participó en la conferencia de seguridad de Munich y visitó con otros senadores al presidente Mariano Rajoy en Madrid. El senador Joe Lieberman contaba cómo Rubio les había desplazado charlando con soltura en español con el presidente español. Ya entonces casi en cada artículo sobre él había una frase sobre las posibilidades de Rubio como vicepresidente.

Rubio hizo buenas migas con republicanos y demócratas en el Senado. El hecho de ser sólo 100 favorece las relaciones personales y el consenso, algo más difícil de lograr en una Cámara de Representantes con 435 miembros. Además, el ciclo electoral es más largo en el Senado: seis años contra los dos de la Cámara. Un detalle que suele facilitar los acuerdos y ayuda a construir una atmósfera mejor.

Y sin embargo Rubio descubrió que cuando se trataba de los grandes asuntos ni el acuerdo era tan fácil en el Senado de mayoría demócrata ni servía de nada si no tenía el apoyo claro de sus colegas en la Cámara de Representantes, controlada por los republicanos. Durante la primavera de 2012 y mientras proseguía la lucha en las primarias republicanas, Rubio se empeñó en conseguir un acuerdo de mínimos para dar a los jóvenes inmigrantes indocumentados la posibilidad de estudiar y trabajar con papeles en Estados Unidos. Los senadores republicanos bloquearon cualquier intento de aprobar propuestas migratorias. Hasta el senador que lo acompañaba como patrocinador de la ley, el republicano Orrin Hatch, lo dejó tirado a la hora de negociar.

En algunos discursos ante los más conservadores del partido, Rubio evitaba mencionar la inmigración. Era un asunto del que sólo hablaba delante de un público más amplio.

Experto en adaptar el mensaje a la audiencia, el senador hispano llevaba meses alejándose del Tea Party que lo identificó como suyo en su campaña de 2010. En el Senado se negó a ser parte del *caucus* del Tea Party que crearon el libertario Rand Paul, el conservador Jim DeMint y su amigo Mike Lee. Rubio dijo que prefería no entrar en el grupo porque el Tea Party era «un movimiento de base» y «no de políticos». En la práctica, el senador empezó a hablar menos de Dios y más de política exterior.

A tan sólo unas semanas de la convención en Tampa, Romney no tenía un candidato claro a la vicepresidencia y se hundía en las encuestas, sobre todo entre los jóvenes, las mujeres y los latinos. «Necesitamos que los hispanos voten por nuestro partido», dijo Romney a un grupo de donantes en Florida en un momento delicado. Ni siquiera los más fieles republicanos estaban entusiasmados como para movilizarse por un candidato de aire tibio, algo torpe en el trato personal y percibido como distante por sus mansiones y su cuenta corriente.

El espectro de la elección precipitada de Sarah Palin en 2008 como candidata a vicepresidenta acompañaba a cualquier candidato republicano y Romney no fue una excepción. El candidato prefirió tomarse su tiempo y le encargó la tarea de buscar la pareja perfecta a Beth Myers, la mujer que había sido su jefa de gabinete y que lo había ayudado desde su campaña a gobernador de Massachusetts en 2002.

La confidente organizó una discreta operación en una oficina en el centro de Boston que en la campaña era conocida como la *clean room*. En esta habitación ningún ordenador estaba conectado a internet, una manera de evitar los frecuentes ataques informáticos que sufría la campaña. En la habitación desconectada y con una caja fuerte para guardar documentos, Myers empezó en abril el proceso de estudiar las entrevistas y los discursos de los candidatos y de rastrear cualquier conexión problemática que hubiera en su historial.

Myers llamó a la tarea que tenía por delante *Project Goldfish*. El nombre era un homenaje a las pequeñas galletas saladas, naranjas y en forma de pez que comía a menudo el equipo de Romney, acostumbrado a largas horas de trabajo. Para seguir con la broma, los finalistas fueron bautizados con nombres de fauna marina. Chris Christie, el gobernador de Nueva Jersey, era *Pufferfish* (pez globo). Tim Pawlenty, ex candidato en esas primarias republicanas, *Lakefish* (como el lugar de Minnesota del que procedía). Rob Portman, senador de Ohio, *Filet-O-Fish* (un sándwich de pescado frito de McDonald's). Paul Ryan, congresista por Wisconsin, *Fishconsin*. El nombre en clave de Marco Rubio era Pescado, en español.

El 15 de junio, mientras Myers examinaba a los candidatos con más posibilidades, el presidente Obama anunció el decreto que beneficiaría a cientos de miles de hispanos sin permiso legal para vivir en Estados Unidos. Aquella decisión ejecutiva la tomó sin consultar al Congreso pero sus consecuencias eran muy similares a las que habría tenido el proyecto que defendía Rubio: parar las deportaciones de los jóvenes que llegaron a Estados Unidos siendo niños mientras cumplieran ciertos requisitos. El parche de Obama protegía de la expulsión a los inmigrantes menores de 30 años que hubieran vivido en el país durante al menos cinco años y que hubieran llegado a Estados Unidos antes de los 16. Los beneficiarios no podían tener antecedentes penales y debían demostrar que estaban estudiando o que habían servido en el ejército.

El movimiento dejó a Romney fuera de juego y aún más vulnerable frente al electorado hispano y al más conservador. Criticó al presidente por hacer más difícil «una solución a largo plazo» como la que defendía Rubio. Pero no dijo que fuera a derogar la medida con otro decreto si llegaba a la Casa Blanca.

En aquellos días, la elección de un cubanoamericano que podía dar mítines en español y contar la experiencia de sus padres inmigrantes parecía atractiva, al menos para una parte del electorado. Pero Romney siempre había tenido debilidad por el congresista Ryan, con quien mantenía una relación cordial desde hacía meses, y sólo consideraba a Rubio como una opción de reserva y más arriesgada.

El senador por Florida era además un político con el que había tenido poco trato. En abril hicieron campaña juntos en Pennsylvania pero antes apenas habían tenido contacto. Durante las primarias de 2008, Romney le había cambiado el nombre por el de «Mario» en una de sus célebres meteduras de pata. Según el congresista Lincoln Díaz-Balart, «Rubio nunca estuvo entre los auténticos finalistas» para ser vicepresidente y la decisión más ajustada fue entre Ryan y Christie.

¿Qué hizo que la campaña de Romney desconfiara de Rubio?

Un año y medio en el Senado de Estados Unidos sumaba poca experiencia, si bien su trayectoria podría parecerse a la del presidente Obama, que llevaba poco más de dos años de senador cuando se presentó a las primarias demócratas en febrero de 2007 y que como Rubio había sido legislador local en su estado.

La historia del republicano y el demócrata se han comparado a menudo por puntos comunes con el mismo atractivo: ninguno de los dos viene de una familia adinerada o relacionada con la política, ambos llegaron a la escena nacional rozando los 40 años y su ascenso es un hito para una minoría históricamente relegada en Estados Unidos.

Sus orígenes los distinguen y a la vez han sido parte de un conflicto de identidad. En el caso de Obama ese debate interno es más fuerte al ser el único miembro negro de una familia blanca: su padre, keniano, dejó a su madre y apenas fue una sombra en la existencia del joven Barack. En el caso de Rubio, su crisis de identidad pasó por el contraste entre su infancia en Las Vegas, donde tuvo que integrarse con la comunidad mexicana y angloparlante, y su adolescencia en Miami, donde los cubanos no lo reconocían como parte de su entorno y lo llamaban «gringo» por hablar en inglés. Sus conflictos pasaron también por la religión: en Las Vegas empujó a sus padres a convertirse al mormonismo y en Miami los convenció para volver al catolicismo.

Rubio no tuvo una carrera académica tan brillante como la de Obama, que se graduó en las universidades de Columbia y de Harvard y fue el presidente de *Harvard Law Review*, la publicación de referencia en Derecho. La formación más modesta de Rubio pasó por una Universidad en Misuri llamada Tarkio, que cerró después de declararse en quiebra y a la que Rubio fue, según bromea cuando visita la zona, porque «era la única universidad del país» en la que lo dejaban jugar al fútbol americano pese a su «falta de velocidad, tamaño y talento». Después, logró reconducir su educación en la Universidad de Florida y en la de Miami, donde se graduó como jurista y donde destacó como Obama por su capacidad como orador.

Romney había establecido dos criterios básicos para cualquier candidato a acompañarlo en la carrera: que tuviera la imagen de estar preparado desde el primer momento para ser comandante en jefe y que no hubiera ninguna historia en su pasado que pudiera ser una distracción para la campaña. En el juego de las percepciones, Rubio podía cumplir el primer punto. Con respecto al segundo, la campaña de Romney descubrió pronto munición para los anuncios de sus adversarios.

Algunos puntos ya habían sido motivo de controversia en público y Rubio había reaccionado sin demasiada cintura durante su gestión. El incidente más reciente había ocurrido unos meses antes y había afectado a los debates de las primarias republicanas después de un enfrentamiento muy duro con Univision, el canal en español más visto de Estados Unidos y durante algunos meses el de más audiencia en todo el país.

En 1987, cuando Rubio era todavía un adolescente, el marido de su hermana Bárbara, Orlando Cicilia, fue condenado a 25 años de cárcel por pertenecer a una banda de narcotraficantes acusada de asesinar a un confidente policial y por sobornar a policías para ocultar sus crímenes. Cicilia no había participado en el asesinato pero, según su condena, hizo de intermediario en la venta de marihuana y cocaína y viajó con cargamentos de drogas hasta Honolulu. Las entregas habían pasado por la casa donde también vivía Bárbara, la hermana que Rubio adoraba cuando era pequeño al ser la mayor y la más independiente. En 2000, Cicilia quedó en libertad condicional por buen comportamiento y se fue a vivir a casa de sus suegros.

El senador nunca había contado esa historia porque la consideraba privada y quería proteger a su hermana y a su madre pero Univision la rescató en el verano de 2011. «Otros medios lo sabían pero nunca lo publicaron porque no tenía ninguna relación con el hecho de que yo tuviera un cargo público. Nadie en el partido demócrata lo tocó», se queja Rubio en su autobiografía.

Según Rubio, los responsables de Univision le ofrecieron no desvelar la historia de su cuñado a cambio de que les diera varias entrevistas. El canal hispano siempre ha negado esa versión. La televisión se enzarzó en una pelea donde también participaron varios diarios de Miami. Los candidatos republicanos a la Casa Blanca suspendieron su participación en un debate que intentaba organizar Univision.

Quien tomó la decisión de publicar la historia del cuñado del senador fue el colombiano Isaac Lee, que ejerce desde 2010 como presidente de Univision Noticias y es una de las personas más poderosas de los medios americanos. Lee nació en Bogotá cinco meses antes que Marco Rubio y dirigió revistas tan influyentes como *Semana* y *Poder*. Su pasión por el periodismo combativo lo llevó a fundar en México el medio digital *Animal Político,* que fue su tarjeta de presentación al fichar por Univision. «Nadie me nombró esperando que lo dejara todo como estaba», dice sonriente una tarde de junio de 2014 mientras apura su café en el vestíbulo del hotel Península de Nueva York.

El canal hispano es un instrumento de poder cada vez más deseado por los políticos: su audiencia roza los 50 millones de personas y ha llegado a superar durante varios meses a los grandes canales anglosajones, cuyos espectadores son más viejos y menos atractivos para quienes contratan la publicidad. La relación de Univision con la audiencia es uno de sus puntos fuertes: los televidentes llaman al canal pidiendo ayuda porque hay un incendio en casa o preguntando dónde llevar a sus hijos al colegio o dónde ir al médico cuando les diagnostican una enfermedad.

Isaac Lee dice que no tuvo dudas a la hora de publicar la historia del cuñado de Rubio y asegura que su intención nunca fue chantajear al senador. «Nosotros seguimos haciendo nuestro trabajo: ni le pedimos excusas ni lo invitamos a almorzar», dice sobre cómo acabó la polémica. «Un político hispano en Estados Unidos no puede ignorar a Univision. Los políticos no entienden que estas cosas no son algo personal. Nosotros siempre lo cubriremos de una manera seria y rigurosa. Haremos nuestro trabajo como debemos.»

Lee no ha visto al senador republicano desde entonces y no tiene una opinión positiva sobre él:

> Su respuesta sobre cuántos años tiene la Tierra me da risa y su posición sobre el cambio climático me parece absurda. Me parece que es un político muy hábil. Sabe dar buenos discursos y sabe subir su perfil. Estando Jeb Bush, lo único que puede hacer es obedecer a la jerarquía natural del partido y esperar. Pero creo que es un político con futuro y que tendrá que aprender, rodearse mejor y madurar.

¿Ayudará al senador su origen cubano o es un arma de doble filo? «Rubio habla muy bien español y eso es algo que les hace falta a muchos políticos latinos», dice Lee. «Pero creo que tampoco es lo mismo ser un cubano en la Florida que ser un inmigrante latino en otros estados. La experiencia de la familia de Rubio como inmigrante no es igual que la de los demás y ahí está la raíz de la mentirijilla sobre su familia.»

Al presidente de Univision Noticias le encantaría que hubiera un presidente hispano. Pero asegura que los nombres son menos importantes que la realidad del cambio del país:

> En apenas 20 años sólo la mitad de los estadounidenses serán *anglos* blancos y la mayoría del crecimiento vendrá de los latinos. Éste va a ser un país diverso, distinto y sin prejuicios y eso es una ventaja para cualquier político que represente esa experiencia de ser inmigrante. Los latinos estamos poco representados y eso va a cambiar. Pero quizá Jeb Bush es el más hispano de los republicanos. Habla español perfecto, tiene la conexión mexicana de su esposa, vive en la Florida y siempre fue una persona que ha sentido compasión por los indocumentados.

El senador Rubio no sólo se enfrentó con Univision. Unos meses después, mantuvo una polémica con los diarios *Washington Post* y *St. Petersburg Times,* que describieron su relato de la llegada de sus padres como un intento de «embellecer» su historia familiar. Durante su campaña al Senado, tampoco había llevado bien las revelaciones sobre el uso de la tarjeta de crédito del partido para gastos personales o sobre la elección de su mujer como tesorera. Tampoco ayudaba la amistad con David Rivera, al que Rubio seguía teniendo cerca pese a la investigación federal que pesaba sobre él, o la abundancia de información sobre las deudas del posible candidato, que soportaba cargas financieras complejas hasta el año en que Romney estaba considerándolo como vicepresidente.

En enero de 2011, cuando tomó posesión como senador de Estados Unidos, Marco Rubio aún debía más de 100.000 dólares por los créditos que había pedido para estudiar y que había arrastrado durante casi dos décadas.

Recién salido de la universidad, cuando empezó a trabajar en el bufete de Al Cárdenas, cobraba más de 50.000 dólares al año, más de lo que nunca había ganado ningún miembro de su familia inmediata hasta entonces. Vivía con sus padres, los ayudaba a pagar los gastos con un pequeño alquiler y creía que era «rico». Al menos hasta que se dio cuenta de que tenía que pagar 1.500 dólares al mes para empezar a devolver el dinero prestado para estudiar. Pidió una extensión del crédito estudiantil y empezó a pagar sólo los intereses. Pero la bola de deuda sólo creció y se convirtió durante años en su principal carga financiera. La publicación en 2012 de su autobiografía, *An American Son*, fue lo que le ayudó a saldar sus deudas. La editorial Sentinel le pagó un adelanto de 800.000 dólares por contar su historia.

La experiencia de la deuda acumulada podía servir para conectar bien a Marco Rubio con la clase media y con el sufrimiento de padres y jóvenes con el peso cada vez mayor de la deuda universitaria. Pero la campaña de Romney encontró más detalles.

Pese a sus deudas, en la primera década del siglo XX compró una casa en Tallahassee con Rivera por 135.000 dólares y dos en West Miami: primero la de sus suegros por 175.000 y después la que acabaría siendo su hogar por 550.000. Sin dar entradas, los Rubio se encontraron con tres casas y deudas que llegaban al millón de dólares.

Las cuentas de su campaña al Senado también asustaron a los expertos de Romney. Aparte del uso de las tarjetas de crédito del partido, que Rubio explicó en detalle, la Comisión Electoral multó al político por algunas irregularidades. Le cayó una sanción de más de 9.000 dólares por aportaciones superiores a los límites permitidos por la ley.

«Durante la mayoría de mi carrera política era muy joven, estaba muy ocupado y tenía muy poca experiencia. A veces fui chapucero en algunas de mis prácticas. El escrutinio de los últimos tres años ha cambiado esto», escribió Rubio en su autobiografía publicada en 2012.

El senador ya estaba acostumbrado al control cuando respondió a un cuestionario para ser vicepresidente. Tenía más de 70 preguntas, entre ellas ésta: «¿Has sido infiel alguna vez?». También entregó su declaración de impuestos y su historial médico. Romney sopesó durante semanas cuál de los «peces» quería como *vice* pero los detalles de Pescado no lo convencieron. El 11 de agosto, durante un mitin en Norfolk (Virginia), anunció el nombre del elegido: Paul Ryan. Romney había llamado unas horas antes a Rubio para darle las gracias por su participación.

El candidato presidencial lo había dejado de lado pero sus amigos seguían jaleando a Rubio, convencidos de que pronto llegaría su turno y que sería candidato a la Casa Blanca. «Sin duda», decía unos meses antes de las elecciones de 2012 Carlos López-Cantera, fiel seguidor y entonces el líder de los republicanos en la Cámara de Representantes de Florida.

Así lo pensaban David Rivera y Ana Navarro, una amiga nicaragüense que huyó con sus padres a Estados Unidos en medio de la revolución sandinista, cuando tenía ocho años.

Navarro, consultora política y tertuliana en la CNN, ascendió en Miami por su trabajo para Jeb Bush y por su relación sentimental con el propietario del Hotel Biltmore, Gene Prescott, tres décadas mayor que ella. Entre los dos convirtieron el Biltmore en un centro de poder de la ciudad para demócratas y republicanos.

El hotel, construido en 1926, tiene una torre que imita a la Giralda de Sevilla, luce puertas de hierro forjado y muestra pájaros multicolores en jaulas de madera en su enorme vestíbulo. Sus dueños presumen de que el Biltmore es el hotel con la piscina más grande de Estados Unidos excluyendo las de Hawái.

El Biltmore es sede habitual de cenas para la recaudación de fondos o de anuncios electorales. Aquí tiene Jeb Bush su oficina. Aquí celebró Marco Rubio su victoria en las elecciones al Senado en 2010; también es el lugar donde se escapaba a tomar cervezas cuando aún no tenía la edad legal para beber.

Navarro participó en la campaña del republicano Jon Huntsman, ex embajador de Obama y uno de los aspirantes menos conservadores en 2012. Amiga de Rubio y de Bush, es celosa guardiana de los secretos de ambos. Durante la campaña de Romney, aseguraba que Rubio no quería hablar ni con sus amigos de su posible carrera a la Casa Blanca.

«No habla de ser presidente o de ser vicepresidente. Cambia de conversación enseguida y nunca se sienta a planear con sus amigos cómo va a convertirse en el líder del mundo libre», ironizaba. Navarro creía que otros políticos hispanos, la mayoría demócratas, harían «todo lo posible» por derribar a Rubio.

Una vez declarada la carrera a la Casa Blanca, Rebeca Sosa es más sincera que la anfitriona del Biltmore y reconoce que la idea de la candidatura de Marco venía «caminando de muyyy atrás». En una de sus visitas a Washington, recuerda que miró al que fue su pupilo y le dijo: «¿Ya lo estás analizando?». Rubio sonrió.

«Yo veo la sonrisa de él y yo sé», dice enigmática Sosa.

8

La brecha

A unos metros de la tienda de regalos de la Casa Blanca, un grupo de mujeres corpulentas de piel dorada ríe sin parar. Son de origen salvadoreño y hablan entre ellas en español. No parecen notar el frío de la capital. La temperatura supera por poco los cero grados, pero el viento ártico hace que las extremidades sufran cuando se pasa un rato en el exterior.

Este grupo de hispanas ha llegado a Washington en dos coches desde Nueva York para la segunda toma de posesión de Barack Obama, reelegido en noviembre de 2012 con un margen más holgado de lo que auguraban los sondeos. Elizabeth Sarabia, la más parlanchina, se pone un momento seria y explica de corrido: «Venimos a ver a nuestro presidente. Es el presidente de los pobres. Los hispanos le dimos el triunfo a él y somos la fuerza de ahora en adelante».

La muchedumbre que arropa esta vez a Obama no alcanza el récord de la toma de posesión de 2009, cuando se estima que 1,8 millones de personas escucharon al nuevo presidente en la explanada que va desde el obelisco que rinde tributo a George Washington hasta el Capitolio. Pero la multitud que ha llegado a Washington ronda el millón de personas y los hispanos se hacen notar dentro y fuera del escenario, mucho más que en la primera toma de posesión.

«Nuestro viaje no está completo hasta que encontremos una forma mejor de dar la bienvenida a los inmigrantes luchadores y esperanzados que todavía ven a América como la tierra de la oportunidad, hasta que no alistemos en nuestro mercado laboral a los estudiantes y a los ingenieros brillantes en lugar de expulsarlos», proclama Obama en el discurso de inauguración de su segundo mandato en la Casa Blanca.

Los aplausos y los coros de «O-ba-ma» lo interrumpen. En el parque ondean banderas de México, Venezuela, Cuba o El Salvador.

El discurso del presidente y la interpretación de *America (My Country, 'Tis of Thee)* de Kelly Clarkson dan paso al poeta Richard Blanco, que recita unos versos desde el mismo podio en el que Obama acaba de jurar el cargo. Blanco nació en Madrid, y es hijo de padres cubanos que lo llevaron de niño a Nueva York y Miami, donde se crió. El poema se llama «One Today» y es una oda a América pero también un recuerdo a los esfuerzos de su madre cajera y de su padre agricultor. Blanco mete alguna palabra en español aunque pronuncia el inglés como cualquier nativo:

> *Hear: squeaky playground swings, trains whistling,*
> *or whispers across café tables,*
> *Hear: the doors we open for each other all day, saying: hello*
> *shalom, buon giorno*
> *howdy*
> *namaste or buenos días*
> *in the language my mother taught me—in every language*
> *spoken into one wind carrying our lives*
> *without prejudice, as these words break from my lips.*

Al final del poema, toma el relevo otro cubanoamericano, el reverendo Luis León, que bendice a Obama justo antes de que Beyoncé entone el himno nacional. Hoy León es el pastor de la iglesia St. John de Washington. Nació en Guantánamo (Cuba) y llegó a Estados Unidos con 12 años en 1961 como uno de los niños de la Operación Pedro Pan. Sin sus padres y sin sus parientes, se quedó al cuidado de unos religiosos de la Iglesia Episcopaliana de Miami e inició una carrera que lo ha llevado hasta esta toma de posesión.

Después de los discursos, el desfile por la avenida Pennsylvania también tiene sabor latino. Detrás del presidente y de la primera dama llegan los mariachis de un instituto de La Joya, una localidad de Texas en la frontera con México. Los jóvenes de la banda van vestidos con trajes llenos de brocados hechos en Guadalajara. También pasa en el desfile oficial el ballet folclórico de La Raza, de Colorado, la Comparsa Morelense, de Nevada, y la Alianza Hispana de Danza, de Utah.

Barack y Michelle Obama observan los festejos en su honor desde un palco transparente equipado con un cristal antibalas. Comentan y aplauden sentados. Pero cuando llega una banda de jóvenes salseros llamada Seguro Que Sí, el presidente se levanta, saca la lengua, sube los puños y se mueve al son de los timbales.

Quienes tocan son nueve alumnos de la escuela de Bellas Artes de Kissimmee, un instituto en el centro de Florida. Llevan una boina roja y un uniforme negro. Están ahí por empeño del estudiante Maxwell Frost, que tiene 15 años y es hijo de una cubana. El chico trabajó tres meses como voluntario para la campaña de Obama y se decidió a presentar al desfile la candidatura de su grupo de músicos hispanos. El razonamiento de Frost para que su grupo fuera elegido entre los más de 2.800 candidatos tenía que ver con las elecciones: «Pensé que la banda podía representar a la comunidad latina considerando la demografía este año y los votos hispanos. En gran parte, el presidente fue elegido por los latinos».

En las elecciones presidenciales de noviembre de 2012 votaron más hispanos que nunca. Unos 11 millones o el 8,4 por ciento del electorado nacional, según los datos del censo y del informe de Pew Hispanics sobre la carrera presidencial.

Lo más significativo es la evolución de elección en elección: los hispanos son el grupo que más rápido crece. En 2008, 19,5 millones de personas identificadas como hispanas tenían derecho a voto. Cuatro años después, la cifra se había disparado hasta los 23,3 millones.

La mayoría de los votantes hispanos seguían concentrados en 2012 en estados que no eran decisivos en las elecciones presidenciales. Por ejemplo, dos lugares donde la mayoría lleva décadas sin dar sorpresas: la California que vota demócrata y la Texas que vota republicano.

Sin embargo, su presencia fue clave en Florida, Colorado o Nevada y empezó a serlo en estados disputados como Carolina del Norte, Virginia, Iowa o New Hampshire.

Los hispanos votaron abrumadoramente a favor del presidente demócrata: el 71 por ciento apoyó a Barack Obama y sólo el 27 por ciento votó por Mitt Romney. La brecha de 44 puntos en 2012 fue la mayor a favor de los demócratas de las últimas décadas. El mejor resultado republicano entre los hispanos lo logró George W. Bush, que en 2004 recibió el apoyo del 44 por ciento de los latinos en su pugna contra John Kerry.

El voto hispano no sólo es crucial en algunos estados. También tiene potencial para los próximos años si un candidato logra movilizar a uno de los segmentos que más rápido crece y que a la vez está menos interesado en la política nacional. Menos de la mitad de las personas de esta comunidad ejercen su derecho a voto.

En las presidenciales de 2012, la participación entre los hispanos fue del 48 por ciento, 10 puntos por debajo de la media nacional y casi 20 por debajo del porcentaje de otra minoría, la de los afroamericanos. La apatía es mayor en las elecciones legislativas de mitad de mandato. En 2014, apenas votó el 34 por ciento.

La excepción entre los hispanos son los cubanoamericanos, que suelen tener mayor formación académica y mayor costumbre de debatir asuntos públicos: el 67 por ciento de los latinos de origen cubano acudieron a las urnas en 2012. Este grupo más entusiasta también solía ser más conservador que el de los mexicanos o los puertorriqueños. Pero el empujón de las segundas y terceras generaciones nacidas en Estados Unidos ha cambiado su fidelidad política. A Romney no le salían los cálculos sin Florida y aquí la mayoría se inclinó también por Obama: el 60 por ciento de los hispanos votó a favor del presidente, contra el 39 por ciento que optó por su rival republicano.

Las circunstancias de los republicanos en 2012 sirvieron para unificar a un electorado que suele ser demócrata pero también muestra gran dispersión por la variedad de su origen y de su experiencia en Estados Unidos.

Pese a que en la mayoría de las encuestas los votantes hispanos no citan la inmigración como su principal preocupación, el asunto pudo tener influencia en su decisión por el apoyo mayoritario al decreto del presidente de junio de 2012 para dar papeles de forma temporal a los jóvenes que llegaron a Estados Unidos con sus padres indocumentados. El decreto era un parche. Pero nueve de cada 10 votantes hispanos apoyaron la decisión del presidente. Los beneficiarios del decreto de Obama no podían votar. Pero más del 30 por ciento de los votantes hispanos registrados entonces conocía a alguien que se había acogido a este programa. Las declaraciones hostiles de los republicanos también empujaron a los hispanos a apoyar a los demócratas en las urnas.

«En estas elecciones en particular, el tono del debate de la inmigración ha hecho difícil para el Partido Republicano atraer una gran proporción de hispanos. La economía es el asunto más importante para los hispanos en 2012, no la inmigración. Aun así, la inmigración es una línea roja para muchos», explicaba Arturo Vargas, director ejecutivo de la Asociación Nacional de Congresistas y altos cargos hispanos.

Los republicanos habían perdido una vez más una oportunidad. Entre otras cosas porque los hispanos no suelen tener el voto decidido de antemano: se fijan sobre todo en quién es el candidato y prefieren registrarse como «independientes» en el censo electoral.

Según Vargas, «los hispanos han mostrado que están dispuestos a cruzar la línea de los partidos y votan a demócratas o republicanos según los asuntos, la campaña y el candidato individual». Votaron para alcalde a candidatos republicanos como Orlando Sánchez en Houston y Michael Bloomberg en Nueva York, y a Arnold Schwarzenegger como gobernador de California.

Durante los años ochenta, los cubanoamericanos de Florida se pasaron a los republicanos gracias a la campaña de Ronald Reagan y al esfuerzo de los suyos en registrar votantes que no tenían hasta entonces especial interés en la política nacional. Otra de las formas de movilización ha sido el ascenso de políticos de origen hispano sean del partido que sean. El «cubano vota a cubano» que ha valido duran-te décadas en Miami puede funcionar entre los hispanos por todo el país sin importar la etiqueta ideológica. Mark Hugo López, el direc-tor de estudios hispanos de Pew Research Center, dice que «tal vez» la elección de Marco Rubio pueda marcar la diferencia para los re-publicanos. «Al fin y al cabo es muy conocido en Florida y entre todos los latinos del país.»

Uno de los encuestadores de Rubio, Whit Ayres, asegura que nin-gún candidato republicano ganará la Casa Blanca si no consigue más del 40 por ciento de los votos de esta minoría.

Cualquier candidato, sin embargo, tiene que superar una predis-posición negativa desde la marcha de George W. Bush. Pese a que prefieran registrarse como independientes, más de la mitad de los hispanos se identifica como demócrata y menos de una cuarta parte se define como republicana, según los datos de Gallup, que hace encuestas cada día. Entre los jóvenes de 18 a 34 años se mantiene el nivel de apoyo a los demócratas. Una cifra que augura un futuro in-cierto para el partido republicano, cuyo electorado depende dema-siado de los varones, de los blancos y de las personas más mayores de la sociedad.

La identificación con el partido de Barack Obama y Hillary Clin-ton aumentó a partir de 2012 por la fallida candidatura de Mitt Rom-ney, por el bloqueo de la reforma migratoria y por las declaraciones hostiles a los inmigrantes de aspirantes republicanos como Michele Bachmann o Herman Cain, que llegaron a defender la construcción de un foso con cocodrilos o de una alambrada electrificada en la fron-tera sur de Estados Unidos. El partido temblaba en 2015 ante la irrup-ción en la campaña de Donald Trump, el millonario que aseguró que México mandaba a Estados Unidos «gente con muchos problemas», «que trae drogas», «que trae crimen» y que «son violadores». Trump planteó también «obligar» a México a financiar la construcción de un muro en los lugares donde todavía no está. Incluso defendió cambiar la 14 enmienda de la Constitución, que da la nacionalidad estadouni-dense a cualquier persona que haya nacido en el país. Su discurso radical empujó a otros candidatos hacia la derecha, temerosos de contradecir a Trump en público ante el electorado conservador. Rubio incluso se mostró a favor de controlar a las inmigrantes que viajan a dar a luz a Estados Unidos. El derecho de suelo hizo a Rubio ciudadano desde su nacimiento y le permitió aspirar a la Casa Blanca.

El futuro electoral de las próximas décadas se presume difícil para los republicanos.

Según la proyección del censo, en 2060 el 31 por ciento de la población de Estados Unidos será de origen hispano. El 43 por ciento será blanco: el 12 por ciento, negro, y el 8 por ciento, asiático.

La experiencia electoral indica que votan más las hispanas que los hispanos y más quienes tienen estudios universitarios, quienes han cumplido los 65 años y quienes llegaron de Cuba antes de 1990.

Y sin embargo, el grupo con más potencial por su número y por su presencia en todo el país es el de los estadounidenses de origen mexicano. En 2012 sólo acudió a las urnas un 42 por ciento de los mexicanos con derecho a voto. Un porcentaje que ofrece una oportunidad para los dos grandes partidos con una comunidad que es la más numerosa y la que más ha sufrido la discriminación.

Durante las últimas décadas, el Gobierno federal ha hecho esfuerzos especiales por acoger a cubanos, nicaragüenses y hondureños. Pero la regularización de los mexicanos siempre ha sido larga e impredecible por la longitud de la frontera y por el número de inmigrantes de este país.

Según el censo de 2014, el 64 por ciento de los 54 millones de hispanos que viven en Estados Unidos son de origen mexicano. Su desinterés por la política estadounidense es herencia de décadas de miedo, violencia y discriminación, sobre todo en el sur del país.

Los mexicanos sufrieron linchamientos en los años veinte impulsados por el Ku Klux Klan y por otros grupos racistas y hasta los años sesenta padecieron la segregación en las escuelas o en los cines porque los blancos no se querían mezclar con quienes llamaban «indios», «renegados» o «perros mestizos». Quienes llegaban a Estados Unidos a principios del siglo XX pasaban a menudo por prácticas humillantes y en ocasiones letales como ser sumergidos en gasolina o DDT para «limpiarlos» del tifus y otras supuestas enfermedades que se traían de México. En estados como California o Texas, el idioma español estaba prohibido en los colegios y se perseguía la religión católica que practicaban los recién llegados.

Las políticas laborales que permitieron a muchos entrar en Estados Unidos estuvieron acompañadas de las deportaciones repentinas y de la explotación. Las llamadas a los mexicanos respondían a la necesidad de mano de obra barata en sectores como la agricultura, la jardinería o la industria textil. Así nació el programa de los llamados braceros, que empezó en 1942 con el objetivo de traer a trabajadores que cobraban poco para ayudar en la producción durante la Segunda Guerra Mundial. Hasta 1967 más de cuatro millones y medio de mexicanos participaron en un plan en el que no podían negociar ni su sueldo ni sus condiciones laborales con unos empresarios que a veces los traían por la vía ilegal cuando se pasaban el cupo y necesitaban más obreros.

La lenta integración de los braceros también trajo la formación de grupos para defender sus intereses y los primeros avances para una parte de la población. La primera sentencia contra la segregación en los colegios llegó en California en 1947, cuando cinco padres se batieron en los tribunales para que sus hijos pudieran entrar en un colegio sólo para «blancos».

A principios de los años sesenta, también surgieron movimientos sindicales fuertes como el liderado por César Chávez, que popularizó el eslogan «Sí se puede» que décadas después adoptaría la campaña de Barack Obama. Chávez nació en Arizona y fue víctima de la discriminación en el colegio, en el cine o en la Armada pese a ser un estadounidense de tercera generación. Las protestas de hispanos como él se multiplicaron, en ocasiones para pedir igualdad en las condiciones salariales y en otras para demandar la enseñanza del español o de la historia mexicana en la universidad.

Las organizaciones más activas en la vida pública de los mexicanos empezaron a interesar a los políticos *anglos* que dominaban el sistema.

El primero que supo explotar el potencial del nuevo electorado fue John F. Kennedy, que en 1960 ganó en Texas ayudado en parte por su exitosa campaña *Viva Kennedy*. El candidato creó una comisión nacional y se multiplicaron los clubes hispanos en una estructura desorganizada pero que puede considerarse la primera campaña dirigida a los hispanos. Los gritos con esa exclamación o la variante *Viva Jack* se repetían de Los Ángeles a Harlem. Para movilizar a los clubes nacionales, los pioneros se inventaron un símbolo para atraer a sus compatriotas de origen mexicano: los panfletos iban acompañados de un dibujo en azul de Kennedy con un gran sombrero y a lomos de un burro rumbo a la Casa Blanca.

Los clubes explicaban los puntos fuertes del candidato para los mexicanos: que veía con buenos ojos a los países de Latinoamérica, que protegería a los pobres, que era católico y que tenía una mujer que hablaba español. Los panfletos de la campaña también prometían que Kennedy acabaría con la discriminación y que los mexicanos dejarían de ser «ciudadanos de segunda clase». Nadie hasta entonces había hecho esas promesas a la comunidad. También fue la primera oportunidad de lucirse para políticos de origen mexicano como Dennis Chávez y Joseph Montoya, legisladores de Nuevo México y promotores de *Viva Kennedy* a nivel nacional.

Kennedy ganó por la mínima en todo el país y también en Texas. El demócrata consiguió el 85 por ciento de los votos de los hispanos en Estados Unidos y el 91 por ciento en Texas.

Los demócratas retuvieron ese estado en las siguientes elecciones sobre todo por el trauma del magnicidio y porque Lyndon Johnson era natural de allí. Pero las leyes contra la discriminación racial que aprobaría el presidente movilizaron a los blancos en todo el sur a favor de los republicanos, más contrarios a la integración. Los clubes de *Viva Johnson* no tuvieron el alcance de los que apoyaban a su predecesor asesinado y las organizaciones demócratas hispanas fueron perdiendo recursos para registrar y movilizar a los votantes de origen mexicano.

Hoy el sueño de los demócratas es volver a darle la vuelta a Texas, un estado con gran peso en la elección del presidente. Texas tiene 38 votos electorales de los 270 necesarios para ganar la Casa Blanca. Sólo California tiene más: 55.

Jimmy Carter consiguió ganar en Texas contra Gerald Ford en 1976. Pero aquélla fue una victoria en circunstancias extraordinarias contra un presidente que había sustituido a Richard Nixon después del escándalo del Watergate. Desde entonces, el impulso de los Bush ha servido para afianzar una fidelidad por los republicanos tan asentada como para que ningún candidato demócrata haga campaña allí durante las presidenciales.

El ascenso de los hispanos, sin embargo, renueva ahora las esperanzas de los demócratas. En julio de 2012, el presidente Obama acudió a Texas para recaudar dinero, su actividad habitual en estados considerados no competitivos como Nueva York o California. Pero el demócrata les dijo a los donantes: «No sois un estado clave pero eso va a cambiar pronto». Después de otro acto en Austin, se fue dos días a Florida.

Algunos lo llaman el «unicornio» de los demócratas porque lo consideran un ideal tal vez inalcanzable. Pero algunos datos justifican el debate. En enero de 2013, una encuesta de la empresa Public Policy Polling estimaba que la victoria de Hillary Clinton era posible en Texas porque el 50 por ciento del electorado tenía una imagen positiva de la aspirante demócrata contra el 43 por ciento que tenía mala opinión.

La clave de la revolución que esperan algunos demócratas la tiene la evolución de la población hispana, cada vez más numerosa y más interesada por la política. Al menos 10 millones de hispanos viven en Texas. Una cifra que suponía en 2014 más del 38 por ciento de la población. Casi el 90 por ciento son de origen mexicano. Más de la mitad no puede votar porque no tiene la ciudadanía de Estados Unidos. Entre ellos, además, el nivel de participación es más bajo que en otros estados: sólo el 39 por ciento votó en las presidenciales de 2012.

Como en el resto de Estados Unidos, la mayoría de los texanos de origen hispano se identifican como demócratas y, sobre todo en las presidenciales, votan en masa por el aspirante de ese partido. Así lo hicieron en 2008 y en 2012 para apoyar a Barack Obama pero su influencia es muy limitada: aunque los hispanos hubieran votado en la misma proporción que los blancos, Romney habría ganado los 38 votos que le corresponden a Texas en el cómputo hacia los 270 necesarios para ser presidente.

El equilibrio sería muy distinto si se cumpliera la estimación que augura que en 2025 habrá en Texas más votantes hispanos que blancos. Grupos demócratas como Battleground Texas luchan para que el cambio suceda más rápido y los votantes hispanos se interesen por la política nacional. Quieren que el partido invierta más dinero en Texas, donde hay poca estructura y recursos más allá de Houston, San Antonio y Austin.

En un club de Waco, el republicano Greg Abbott dijo unos meses antes de ser elegido gobernador en 2014 que el grupo Battleground Texas era un peligro tan grande como una de las dictaduras más temidas del mundo: «Una de las cosas que requieren vigilancia continua es el hecho de que Texas está sufriendo de nuevo un ataque. Un ataque más poderoso que cuando el líder de Corea del Norte amenazó con añadir Austin como uno de sus objetivos de armas nucleares». Según dijo, la amenaza venía de la «maquinaria» de Obama que estaba desplegándose con los voluntarios de este grupo.

Los fundadores de Battleground Texas, Jeremy Bird y Jenn Brown, trabajaron antes en la campaña del presidente y decidieron montar el grupo a principios de 2013 pensando que podrían emular el despliegue demócrata en otros lugares y convertir el estado en competitivo para los demócratas en 2020.

«Éste es un estado donde todas las elecciones, desde las locales hasta las campañas presidenciales, deberían ser muy disputadas», explica Jenn Brown, la directora del grupo de presión.

Su primera batalla no salió bien pese a los votantes movilizados. Según sus datos, durante la campaña de las elecciones de mitad de mandato de 2014 el grupo logró registrar a 100.000 nuevos votantes y reclutar a 36.000 voluntarios que nunca habían participado antes en una campaña demócrata. Battleground Texas organizó una red especial de liderazgo para los hispanos y puso a algunos de los nuevos voluntarios al frente de una línea de atención a los votantes. Pero en noviembre de 2014 su candidata a gobernadora, la senadora estatal Wendy Davis, fue derrotada por Abbott por más de 20 puntos, un resultado peor que el que consiguió el aspirante demócrata contra el republicano Rick Perry en noviembre de 2010.

Battleground Texas ni siquiera confiaba en la victoria de Davis. Pero sí pretendía demostrar que las carreras podían estar más ajustadas también en este estado y sobre todo que era posible crear una estructura más duradera para las elecciones de los próximos años.

«Ya dijimos al principio que el cambio no llegaría a Texas de la noche a la mañana», dice Jenn Brown, que culpa de la derrota a la falta de recursos frente a Greg Abbott, que al final de la campaña podía gastar hasta un millón de dólares al día. Pero la directora también cree que los nuevos votantes que han conseguido registrar acabarán marcando la diferencia. «Si seguimos a buen ritmo, en tres años tendremos 500.000, una cifra suficiente para conseguir un impacto significativo», asegura en agosto de 2015. «Sabemos que aumentar el electorado es decisivo para hacer que Texas sea competitivo. Simplemente requiere tiempo.»

Más allá del posible cambio de Texas, la inquietud aumenta entre los republicanos ante una minoría creciente que se les escapa. Esa brecha es una oportunidad para Marco Rubio.

La noche del 7 de noviembre de 2012, mientras Obama pronunciaba su discurso de la victoria en un centro de convenciones a las afueras de Chicago, los periodistas recibían un correo electrónico de la campaña del senador. «El movimiento conservador debería tener un atractivo particular para las minorías y los inmigrantes que están intentando mejorar y los republicanos tenemos que trabajar más duro que nunca para comunicarles nuestras creencias», decía Rubio desde Miami en aquella noche electoral. Su amiga Ana Navarro era aún más contundente. «Si no lo hacemos mejor con los hispanos, estaremos fuera de la Casa Blanca para siempre», dijo unas horas después de la derrota.

A la semana siguiente, Rubio asistió como invitado de honor al acto de recaudación para el partido aprovechando el cumpleaños del gobernador de Iowa, Terry Branstad. Empezó diciendo que quería desmentir los «rumores» de que iba a ser candidato a defensa del equipo de fútbol de Iowa. Durante algo menos de media hora habló de su familia, del coste de la universidad, de la deuda, de los valores familiares y de las virtudes de un Estado limitado. Entonces no hubo una declaración explícita. Pero aquel discurso era el comienzo de su siguiente carrera.

9

La espera

Ni siquiera en Washington es fácil encontrar un hotel tan grande como el Gaylord National Resort: un complejo con 2.000 habitaciones, una piscina olímpica y un vestíbulo acristalado con seis restaurantes y vistas al río Potomac. Aquí se celebra cada año la CPAC, un congreso conservador en el que hablan los líderes más respetados por la derecha republicana y al que asisten unos 10.000 activistas de todo el país.

La CPAC se celebra desde 1973. Al principio era una reunión de un puñado de dirigentes interesados en oscuros debates ideológicos. Pero poco a poco se ha convertido en una cita anual imprescindible para cualquier republicano que aspire a competir por la Casa Blanca. Quienes llegan aquí desde Nebraska, Kentucky o Wyoming escuchan a los oradores y votan después por su favorito en una encuesta informal que suele generar algún titular. Entre 2007 y 2015 el triunfo se lo repartieron Mitt Romney, Ron y Rand Paul. Antes vencieron políticos tan dispares como Ronald Reagan, Jack Kemp o George W. Bush.

El evento lo organiza una fundación vinculada a la American Conservative Union, que fundó el escritor William Buckley unos días después de la derrota del republicano Barry Goldwater en las presidenciales de 1964.

La asociación publica una revista digital y elabora una lista en la que otorga una puntuación a cada uno de los legisladores federales según su historial de votación: los más progresistas bordean el cero y los más conservadores rozan el 100 por su acuerdo con los ideales del grupo. En la lista de senadores conservadores en ejercicio, Marco Rubio suele estar entre los 10 primeros, por delante de colegas como Rand Paul, Mitch McConnell o John McCain.

La CPAC es un entorno propicio para Rubio. Aquí ganó notoriedad en febrero de 2010 cuando aspiraba a derrotar al poderoso gobernador Charlie Crist en la carrera al Senado y aquí ha vuelto cada año desde entonces para mantener el favor de los republicanos más conservadores, que no siempre comprenden sus cambios de opinión sobre la inmigración.

Este jueves de marzo de 2014 quedan aún ocho meses para las elecciones legislativas de mitad de mandato y casi tres años para que Barack Obama abandone la Casa Blanca. Pero en el vestíbulo del Gaylord National Resort se respira una mezcla de impaciencia y emoción. Hay veteranos de guerra y mujeres maduras con el pelo oxigenado pero la mitad de los delegados son jóvenes que no se han graduado en la universidad.

Los activistas se hacen *selfies* con sus presentadores favoritos y recorren los expositores de la planta baja, donde uno puede escuchar las soflamas de los espontáneos, hacerse socio de la Asociación Nacional del Rifle o comprar uno de los libros de la escritora libertaria Ayn Rand.

El salón donde hablan los líderes republicanos nunca está del todo lleno. El número de sillas vacías oscila según la hora del día y el calibre del orador. Los conservadores Paul Ryan o Ted Cruz son recibidos de pie por los delegados. El moderado Chris Christie debe conformarse con un aplauso de cortesía antes y después de su intervención.

Esta vez Rubio está cerca de una figura muy familiar: su primer mentor, Al Cárdenas, es presidente de la American Conservative Union desde 2011, cuando un escándalo financiero se llevó por delante a su predecesor.

Cárdenas nació en Cuba y se crió en Fort Lauderdale. Pero fue en Miami donde se graduó como abogado y donde ha transcurrido su carrera profesional. Primero como socio de varios bufetes y luego trabajando en la sombra para los republicanos de la ciudad.

Pocas personas han tenido un impacto tan profundo en la carrera temprana de Rubio. Al fin y al cabo, le firmó el cheque de 250 dólares que fue la primera donación de la primera campaña de su vida y le ofreció su primer empleo como abogado en 1996. Ambos habían coincidido unos meses antes en la campaña presidencial del senador Bob Dole. Cárdenas había competido sin éxito en los años setenta por un escaño en la Cámara de Representantes y desde su derrota había optado por mover los hilos del partido como vicepresidente y presidente de los republicanos de Florida. Una labor que exigía organizar eventos, perseguir a donantes y escoger candidatos atractivos antes de cada cita electoral.

Fue Cárdenas quien introdujo a aquel joven entusiasta en el círculo de Jeb Bush, que entonces ni siquiera había tomado posesión como gobernador. Durante la célebre noche electoral de las papeletas mariposa en 2000, Rubio y su amigo David Rivera siguieron en su ordenador el escrutinio y fueron informando a Cárdenas, que a su vez iba cantándole las cifras a Jeb, que se encontraba en Austin con su hermano George W. Bush.

«Jeb y Marco tienen algo que es muy atractivo: una habilidad innata para llegar al corazón del votante», dice Cárdenas sobre sus dos amigos. «Ese don no lo tienen todos los políticos y yo diría que es su mejor cualidad. Son los dos políticos que mejor conozco y con quienes tengo más relación.»

Cárdenas no siempre ha sido tan solícito con Rubio. En las horas más bajas de la carrera al Senado se reunió con él para aconsejarle que dejara vía libre a su adversario y presentara su candidatura a fiscal general. El consejo tenía cierto sentido: los números no favorecían las aspiraciones de Rubio, que acababa de recaudar 12 veces menos que Charlie Crist. Pero Rubio optó por mantenerse en la carrera y Cárdenas respaldó unos días después a su rival.

«Tengo unos sentimientos muy fuertes por Marco y por su familia y me molestaba mucho entonces que estuviera arriesgando un futuro brillante», se justificó unos años después Cárdenas sobre el episodio. «Hablé con él como hubiera hablado con uno de mis hijos.»

Hace tiempo que Cárdenas dejó de ser uno de los republicanos más influyentes de Florida. Pero sus conexiones lo convierten en un activo muy valioso para la firma donde trabaja y le permiten mantener el contacto con los líderes de cada momento. El gobernador de Louisiana, Bobby Jindal, lo saluda hoy entre bambalinas justo antes de que pronuncie su discurso ante la CPAC.

«Esta vez los demócratas lo tienen más complicado», dice mientras acaricia a su nieto, que da vueltas por la sala durante la conversación. «Con una sola candidata no habrá drama y sí un gran interés por la campaña republicana. Siempre que nuestros candidatos actúen con mesura, tendremos una enorme ventaja y una gran visibilidad. Poco menos que un monopolio durante el primer año de la carrera presidencial.»

Es difícil saber cuáles son los asuntos que deciden al final al votante. Por eso Cárdenas cree que es cada vez más importante medir el carácter de los aspirantes en eventos como la CPAC.

Aquí habíamos apostado por asuntos como el escándalo de la NSA y la desigualdad. Pero hace unos días surgieron las crisis de Venezuela y Ucrania y de pronto hemos tenido que cambiar el programa para hablar de política exterior. Es imposible predecir qué asuntos serán noticia dentro de dos años. Uno juzga a los aspirantes por lo que piensa que son sus méritos personales y no por cómo enfocan cada uno de los desafíos del país.

Y sin embargo esos desafíos cambiantes influyen en la carrera de los candidatos. En la primavera de 2013, Rubio tomó la decisión de impulsar un proyecto de reforma migratoria que ofrecía una vía hacia la ciudadanía americana a los inmigrantes indocumentados. El proyecto, respaldado por cuatro senadores demócratas y cuatro republicanos, se aprobó en el Senado con 68 votos a favor pero naufragó en la Cámara de Representantes, donde los republicanos más conservadores se negaron a someterlo a votación.

Activistas como Steve Deace o Rush Limbaugh presentaron entonces a Rubio como un traidor a la causa conservadora y hubo quien auguró que aquel fracaso terminaría con sus aspiraciones en 2016. La respuesta del joven senador fue dar marcha atrás. Desde entonces centró sus esfuerzos en asuntos que fueran menos tóxicos entre sus seguidores y prosiguió su formación en un área que no dominaban sus posibles adversarios: la política exterior.

Al llegar al Senado, Rubio puso un empeño especial en ser miembro de la comisión de Relaciones Exteriores, un foro al que pertenecieron John F. Kennedy y Barack Obama y que suele estar en el currículum de cualquier senador que aspire a lanzarse a la carrera presidencial.

El senador empezó a desplazarse a países estratégicos en la escena internacional. En febrero de 2013 viajó a Israel y Jordania y se entrevistó con Benjamín Netanyahu y con el rey Abdalá. En diciembre voló a Londres, donde concedió varias entrevistas y pronunció un discurso en el centro de estudios Chatham House.

En los primeros dos años en el Senado también viajó a Pakistán, Afganistán, Alemania, España, Malta, Libia, Colombia, Haití, Filipinas, Japón y Corea del Sur.

Entre las personas que han asesorado a Rubio se encuentra Elliott Abrams, que trabajó con Ronald Reagan y George W. Bush. Abrams asegura que Rubio absorbe muy deprisa los conceptos: «Recuerdo muy bien aquella llamada en 2010. Le pregunté si quería que fuéramos país por país y me dijo: "Déjame que yo te diga cómo veo cada uno y tú me dices si es correcto o no". El tipo lo clavó todo».

«Sólo hay una nación capaz de unir a los pueblos libres del planeta y evitar la extensión del totalitarismo», proclama Rubio ante el auditorio abarrotado de la CPAC antes de acusar al presidente Obama de pensar que puede «moldear los acontecimientos globales con la fuerza arrolladora de su personalidad».

Son semanas de tensiones internacionales. El Gobierno venezolano acaba de encarcelar al líder opositor Leopoldo López y las tropas rusas han ocupado la península de Crimea. Rubio es consciente de que la política exterior puede ser una de sus bazas para distinguirse de los demás candidatos. Ante un auditorio entusiasta, y mientras se ajusta la corbata morada, dice:

> Todos los problemas de este mundo los crean gobiernos totalitarios más interesados en forzar a la gente a que hagan lo que quieren que hagan que en sembrar la paz en el mundo. Sólo una nación puede hacerlo: la nuestra. Naciones Unidas no puede hacerlo. No puede hacer nada. Eso no significa que podamos resolver cada conflicto o estar a la vez en 15 guerras. Pero debemos ejercer una política exterior que hunda sus raíces en nuestros principios morales y en la noción de que cada ser humano tiene derechos que le ha dado su Creador.

Rubio aún goza del éxito de su último discurso parecido, en el Senado. En ese caso, nació de un arranque del senador unos días antes al ver las imágenes de la represión en Venezuela y al escuchar al demócrata Tom Harkin describir lo bien que se lo había pasado en un viaje reciente a Cuba.

El discurso duró 14 minutos pero su onda expansiva se extendió durante días en las redes sociales dentro y fuera del país. Sus estudiantes en Miami lo comentaban después de clase. «¿Usted quiere que desarrollemos una relación amistosa con alguien que viola constantemente los derechos humanos y que apoya lo que está sucediendo en Venezuela y cualquier atrocidad en el planeta?», le preguntó Rubio con sarcasmo a su colega Harkin. «En todos los asuntos [los Castro] se ponen del lado de los tiranos. Acaban de parar en Panamá un barco norcoreano que violaba las sanciones impuestas al país. ¿Salió eso en alguna de sus maravillosas conversaciones en el paraíso socialista en el Caribe? Apuesto que no.»

El equipo de Rubio colgó el vídeo en su página de YouTube y un artículo de *Drudge Report* enseguida lo *viralizó*. En apenas unas horas reunió unas 300.000 visitas y los elogios de activistas conservadores que habían criticado a Rubio por su apoyo a la reforma migratoria.

Pese a la tendencia aislacionista que defienden republicanos como

Rand Paul, el mensaje sigue interesando a algunos activistas que se reúnen este jueves en la CPAC.

Dorette Landis ha llegado desde Ohio, donde trabaja como ejecutiva financiera de la empresa General Electric. Está aquí porque quiere hacer campaña contra la reforma sanitaria de Obama y contra la regulación que «ahoga a la economía» y cree que Estados Unidos debe volver a ser una potencia mundial.

«De Marco Rubio me encanta su historia, la vida de su familia, el lugar de donde viene y cómo alcanzó su sueño», dice Landis sobre el senador. ¿Apoyaría a Rubio pese el proyecto de la reforma migratoria? «Por supuesto que sí», dice Landis. «Yo vengo de una familia de ucranianos. Mis abuelos llegaron aquí, aprendieron inglés y se convirtieron en ciudadanos de este país. Así me gustaría que sucediera ahora también. Soy consciente de que tenemos un grave problema con la inmigración ilegal. Pero no creo que debamos excluir a la gente que viene de fuera.»

Ian Jacobson, conocido como Rooster Jacobson (es lo que pone en su cartel de identificación), tiene una cresta naranja y verde que destaca sobre el resto de su cabeza rapada y luce una barba negra larga. Tiene 33 años, vive en San Antonio y ha vuelto a la universidad porque quería prepararse más para poder dedicarse a la política. No ha oído el discurso de Marco Rubio, como muchos que prefieren merodear por los pasillos en busca de contactos, entrevistas televisivas o chapas, pero dice que el senador es un «buen conservador». Aunque su favorito sea el representante de su estado, el texano de origen mexicano Ted Cruz, entiende que alguien que habla bien español y ejerce de latino como Rubio podría marcar la diferencia.

Jacobson percibe el peligro de que el electorado hispano en su estado sea cada vez más demócrata por el cambio que ve entre la gente de su edad.

Los mayores, sobre todo en temas sociales, son más conservadores porque tienen una tradición católica fuerte y ves que tienden a votar más por los republicanos. Pero cada vez tenemos más jóvenes hispanos en el sistema y es difícil romper ese círculo. Una vez que han sido educados y están en un ambiente urbano, es difícil acabar con la mentalidad demócrata. Los padres son una influencia pero pasan menos tiempo con ellos.

Su cresta llama la atención de otros republicanos y él dice que sabe lo que es «sentirse diferente» y no necesariamente bien aceptado, como quizá se sienten algunos hispanos en el partido.

Un candidato hispano «rompería» una barrera. Jacobson comenta:

> Ahora el partido republicano se ve como el del viejo hombre blanco. Ésa es la percepción en todo el país. He hablado con muchos amigos que son demócratas o algunos que están indecisos y me dicen no querer estar en un evento republicano porque se sienten fuera de lugar. Un buen amigo me ha dicho: «Me da miedo ir a un evento republicano siendo un hombre negro, me siento amenazado porque soy el único hombre negro allí». Así es difícil romper ese muro. Podría resquebrajarse si tuviéramos a alguien como Marco Rubio o Ted Cruz como candidato a la Casa Blanca porque no son viejos hombres blancos.

Unos metros más cerca de la entrada se encuentra Lisa Hendrickson, una rubia delgada de unos 50 años que ha llegado a Washington desde Illinois. Es la primera vez que viene a la CPAC y está pensando en presentarse a sus primeras elecciones. Se define como una persona «moderada».

«En 2016 me gustaría que volviera Mitt Romney», dice con cierta tristeza. «No puedo pensar en un candidato mejor.» ¿Votaría por Rubio? «Es alguien que puede gustar a quienes no son republicanos pero lo primero es unirnos entre nosotros… En este país hay mucha gente en el centro que puede apoyarnos y debemos ser menos dogmáticos.»

Marco Rubio llegó a Washington precisamente a lomos de esos dogmas. La explosión del fenómeno del Tea Party permitió al joven Rubio presentarse en 2010 como un apóstol de aquel movimiento contra los líderes republicanos y contra la política tradicional. Al llegar al Capitolio, sin embargo, moderó el tono de sus discursos y tomó un puñado de decisiones importantes. Se rodeó de intelectuales como Arthur Brooks, contrató como jefe de gabinete al *insider* César Conda y empezó a presentarse como un político joven.

Esa metamorfosis llevó a Rubio a intentar apuntalarse como un legislador dispuesto a explorar ideas originales entre los republicanos. Empezó a hablar de la pobreza infantil y del desgaste de la clase media y a buscar soluciones conservadoras a problemas que sus colegas habían despreciado durante años por creer que afectaban sobre todo a los votantes del partido rival.

«La pregunta más importante que debemos responder es cómo podemos aplicar los principios de la libertad de empresa a los problemas del siglo XXI», dijo el joven senador en Altoona (Iowa) 11 días después de la derrota de Mitt Romney en la carrera presidencial.

Quienes lo escucharon aquella noche en el cumpleaños del gobernador republicano Terry Branstad creyeron vislumbrar el futuro del partido en las palabras de Rubio sobre la movilidad social, el valor económico de un hogar estable y la importancia de la formación profesional.

Los republicanos acababan de perder con un candidato que alejaba aún más del partido a las mujeres, a los jóvenes, a los pobres, a los hispanos y a los afroamericanos. Cinco grupos cuyo apoyo podría ayudar a atraer un líder como Rubio en una carrera presidencial.

De pronto muchos percibieron al senador republicano como la solución a todos los problemas de los republicanos, atrapados en el cambio demográfico de un país menos blanco, más diverso y más joven que el que eligió a Ronald Reagan en 1980.

La revista *Time* retrató a Rubio en su portada como el salvador del partido en enero de 2013. Unos días después, se le concedió el honor de pronunciar la respuesta de los republicanos al discurso de Obama sobre el estado de la Unión.

La respuesta no es un trance fácil para ningún político. Su audiencia acaba de escuchar al presidente arropado por los aplausos de los legisladores de las dos cámaras y se encuentra a un orador que le responde en un despacho vacío y mal iluminado donde no hay ovaciones ni variedad de planos ni proyectos concretos que anunciar.

«Aún vivo en el mismo vecindario obrero en el que crecí», dijo esa noche Rubio sobre West Miami.

> Mis vecinos no son millonarios sino jubilados que dependen de las pensiones públicas y la Sanidad. Son obreros que tienen que madrugar para pagar las cuentas. Son inmigrantes que llegaron aquí porque seguían viviendo en la pobreza en países donde el Gobierno domina la economía. Así que debe saber, señor presidente, que no me opongo a sus planes porque quiera proteger a los ricos. Me opongo porque quiero proteger a mis vecinos.

El texto de Rubio incluía otros pasajes sobre la libertad económica y sobre la movilidad social. Pero el discurso no llamó la atención por sus palabras sino por el momento en el que el senador se agachó para dar un sorbo a una pequeña botella de agua que estaba demasiado lejos en medio del discurso retransmitido en directo a la nación.

El gesto retrató a Rubio como un político inexperto y lo convirtió en el protagonista de los chistes de humoristas como Stephen Colbert o Jon Stewart, que diseccionaron la secuencia: las encías secas, la forma en que se limpia las comisuras, la mirada a cámara mientras se agacha y el modo en que retoma su discurso disimulando, con la esperanza de que tal vez con su rapidez nadie lo haya visto beber.

Aun así, Rubio no salió mal parado del incidente. El senador enseguida tuiteó una foto de la botella vacía y se rio de sí mismo al recordar lo que había ocurrido. «Necesitaba agua. ¿Qué iba a hacer?», dijo unos días después en el programa de George Stephanopoulos. «Dios siempre encuentra un modo gracioso de recordarnos que somos humanos.»

Rubio aprovechó la metedura de pata para hacer caja vendiendo cantimploras metálicas blancas con su nombre impreso en azul. «Envía a nuestros detractores progresistas un mensaje», decía el reclamo, «que Marco Rubio no sólo te inspira sino que te hidrata.»

Pero el desliz de la botella de agua fue el preludio de un año difícil para el senador hispano, que sufrió las críticas de la derecha republicana por su respaldo a la reforma migratoria que aprobó el Senado en junio de 2013. La impopularidad del proyecto entre los suyos mermó el prestigio de Rubio entre los activistas más radicales y lo empujó a compensar el viraje en este asunto con el respaldo a las iniciativas conservadoras dirigidas a dejar sin dinero a la reforma sanitaria de Obama, que propiciaron en octubre de ese año el cierre del Gobierno federal.

El plazo para aumentar el techo de deuda se acababa a finales de octubre de 2013 y los republicanos más conservadores habían anunciado que aprovecharían la oportunidad para lanzar su enésimo ataque contra Obamacare. Unos meses antes del final del plazo, Rubio dijo durante un desayuno en Washington que estaba a favor de bloquear la negociación si los demócratas no aceptaban despojar de fondos públicos a la reforma estrella del presidente. «Me gustaría ver esa ley derogada y al menos por un tiempo sin financiación. Hay asuntos tan esenciales que tenemos que estar dispuestos a defenderlos hasta el final y Obamacare es uno de ellos.»

Muchos analistas percibieron la actitud de Rubio como un intento de reconciliarse con los elementos más radicales del partido antes de emprender su propia carrera presidencial. La polémica desembocó en un cierre de los servicios federales que duró 16 días, dejó sin sueldo a miles de funcionarios y rebajó el crecimiento en varias décimas del PIB.

Fueron unos meses difíciles para Rubio, desdibujado por su respaldo a la reforma migratoria y por el ascenso de políticos mediáticos como Rand Paul o Ted Cruz.

Al principio Rubio respondió al desafío adoptando un perfil bajo y dedicándose casi por entero a asuntos de política exterior. Pero poco a poco fue trazando una estrategia más inteligente que lo llevó a cultivar la imagen del líder que se interesaba por los problemas económicos de su generación.

Rubio se presentó como un defensor de las empresas innovadoras de Silicon Valley y empezó a hablar de liberalizar el espacio radioeléctrico y de fomentar la colaboración entre el sector privado y agencias federales como la NASA. «La regulación nunca debería ser una forma de frenar la innovación», dijo en un evento organizado por Uber, la red de conductores que se organiza al margen de los taxis y a la que se accede fácilmente a través de una aplicación en el móvil. «La regulación nunca debería permitir al Gobierno proteger intereses establecidos a expensas de un rival innovador.»

Rubio cuenta que escuchó a sus estudiantes en la Universidad de Florida hablar de lo fácil que era para sus amigos moverse con Uber en Washington, uno de los primeros sitios donde llegó el servicio. Le preguntaron por qué la red no lograba entrar todavía en Miami y Rubio, satisfecho de poder hacer un argumento habitual en sus campañas, dijo que la culpa era de las regulaciones. «Mientras mis jóvenes estudiantes progresistas me escuchaban explicar por qué el Gobierno estaba impidiéndoles utilizar sus móviles para volver a casa de los bares el sábado por la noche, podía ver cómo cambiaban de opinión... De repente se convirtieron en un grupo de activistas veinteañeros contra la regulación», escribe Rubio en su libro *American Dreams*, una especie de programa político contado a través de historias de ciudadanos corrientes.

Consciente de su ventaja generacional con respecto a otros posibles rivales, cogió enseguida la bandera de la deuda universitaria y empezó a defender la formación profesional o la posibilidad de graduarse después de recibir cursos por internet. «Tenemos que romper el monopolio de la educación superior», empezó a repetir.

Unos días después de dirigirse a los delegados de la CPAC, Rubio pronunció un discurso en la sede de Google en Washington. Su título lo decía todo sobre su nueva estrategia: *Despertando el crecimiento dinámico en la América del siglo XXI*. «El mundo está cambiando muy deprisa a nuestro alrededor y hemos esperado demasiado», dijo el senador republicano. «Aún tenemos tiempo de construir el nuevo siglo americano pero debemos darnos prisa.» Un político dado a citar la Biblia y que incluyó a Jesucristo en los agradecimientos de sus dos libros de repente hablaba de títulos como *The Second Machine Age*, sobre robots y de dos profesores del Massachusetts Institute of Technology.

Intelectuales como David Brooks empezaron a elogiar entonces el gusto de Rubio por aportar una perspectiva conservadora a problemas como la pobreza, la trampa de la que él insiste se puede salir con políticas que promuevan el matrimonio y la estabilidad familiar, sobre todo entre las minorías. Rubio recuerda a menudo que menos del 5 por ciento de los blancos con estudios universitarios tienen hijos fuera del matrimonio.

Como la mayoría de sus colegas republicanos, sigue defendiendo el matrimonio como la unión entre un hombre y una mujer. Pero también en este aspecto ha ido matizando su discurso, consciente de que la mayoría de los ciudadanos ya no comparten esa opinión y que la realidad legal ha cambiado en todo el país gracias al Tribunal Supremo. «No es mi lugar ni mi intención dictar a nadie a quién se le permite amar o con quién debe vivir», escribe en *American Dreams*, donde dice no cuestionar los cambios legislativos de cada estado para permitir las bodas entre personas del mismo sexo.

En cualquier caso, el programa político de Rubio ha sido durante años una promesa. Sus críticos recuerdan que Rubio no ha convertido en ley ninguna de sus propuestas. Sus seis años en el Senado han coincidido con los menos productivos de la historia del Capitolio, consumido por el obstruccionismo de los republicanos, sobre todo los de la Cámara de Representantes, y por la polarización ideológica de los miembros de ambos partidos.

En el Senado Rubio desplegó los dos puntos fuertes que mencionan quienes mejor lo conocen: su capacidad de adaptar el mensaje a la audiencia a la que se dirige y su rapidez para hacer aliados decisivos. Así fue como aprovechó las elecciones legislativas de 2014 para hacer campaña en estados clave para las elecciones fuera de Florida.

A principios de mayo de 2014, anunció su apoyo a la republicana Joni Ernst, que aspiraba a ocupar el escaño que dejaba vacante el senador demócrata Tom Harkin.

Entonces ningún líder nacional había apoyado a Ernst, que ni siquiera era favorita en sus primarias y que había ganado fama a principios de marzo con un anuncio en el que recordaba que en su juventud había castrado cerdos.

Rubio vio el potencial de la aspirante y no desaprovechó la oportunidad de ganar una aliada en uno de los estados que inclinan la balanza en la carrera presidencial. «Ella es la esperanza de tener a alguien en el Senado que vota de la manera correcta y puede marcar la diferencia», dijo al respaldar a la candidata.

Ernst tenía en común con Rubio unos años en la legislatura estatal y una historia personal muy atractiva: era teniente coronel de la Guardia Nacional de Iowa y había servido durante 14 meses en Kuwait. Pero sus campañas compartían además otro detalle: la mente maquiavélica del estratega Todd Harris, que había ayudado a Rubio contra Charlie Crist.

El senador hispano viajó varias veces a Iowa para apuntalar la candidatura de Ernst y tomó una decisión inteligente: prestarle a la candidata uno de sus hombres de confianza, el responsable de comunicación Alex Conant. Se trataba de replicar la estrategia que tanto le había ayudado durante sus años en Tallahassee: construir alianzas con colegas influyentes antes de subir el siguiente escalón.

Al contrario que las primarias en estados más poblados, los *caucus* que abren el calendario para la elección del candidato a presidente no se ganan con anuncios televisivos sino a base de recorrerse las pizzerías, las ferias agrarias y las panaderías de los 99 condados de Iowa. Los senadores locales suelen permanecer neutrales y no se pronuncian antes de la cita con las urnas. Pero una persona como Ernst tiene acceso a donantes y activistas que pueden ser decisivos en la noche electoral.

Se antoja difícil imaginar todavía ese escenario al escuchar a los activistas en el Gaylord National Resort, cuando quedan casi dos años para que se celebren los *caucus* que inauguran las primarias republicanas de 2016. Al Cárdenas ni siquiera tiene claro que su discípulo Rubio vaya a presentarse y llega a sugerir que esta vez quizá le venga mejor esperar.

«Hay un grupo nutrido y calificado de candidatos y el objetivo es ganar las elecciones», dice. «El obstáculo para cualquier aspirante es esa competencia. Es como tener a cinco equipos de fútbol bien preparados. Es imposible saber quién va a ganar. Tiene que empezar el juego. En este caso tenemos a varios candidatos bien preparados y predispuestos a lanzarse pero no sabemos quién ganará.» Una vez más, el hombre que decía que Rubio era «el hijo» que cualquiera querría tener no se atreve a darle su respaldo.

10

La barda

Ricardo Ramos nunca olvidará el 16 de enero de 2014. El día en que su hija Michelle cumplía 12 años era el que figuraba en su orden de deportación.

Ocho años antes, había dado positivo en un control de alcoholemia. El incidente alertó a las autoridades migratorias de que no tenía permiso de trabajo y desencadenó un rosario de citaciones judiciales que lo dejaron a las puertas de la expulsión.

Ricardo llegó a Estados Unidos en 1998. Acababa de terminar la secundaria en Irapuato (México) y le faltaban unos meses para cumplir 18 años. «Pagué como 1.200 dólares para atravesar el río Bravo», dice esta tarde en un salón de Painesville (Ohio) mientras sus tres hijos corretean alrededor. «Éramos cinco personas en una llanta de camión. El *coyote* tenía una cuerda tendida entre las dos orillas del río y tiramos de ella hasta cruzar.»

Un *coyote* es uno de los miembros de las mafias que ayudan a los inmigrantes a cruzar la frontera de Estados Unidos. No todos son de fiar. Quienes quieren cruzar preguntan a quienes ya han cruzado. «Te dicen "Fulano es buena gente, cruza bien" y te pones en sus manos», explica Ricardo. «Nos llevan a unas garitas donde nos esconden y luego nos traen hasta acá escondidos en una camioneta. Si traes dinero, comes en los McDonald's. Si no, te vas aguantando hasta llegar aquí.»

En Painesville lo esperaba su tío, que había conseguido los papeles durante la regularización que aprobó Ronald Reagan en 1986. En Irapuato se quedó Mercedes, que por entonces aún era su novia y que

ahora le coge la mano durante la conversación. «Ni siquiera podía lla-
marme a casa», recuerda ella sobre su noviazgo. «Yo tenía que ir a una
tienda y esperar en una cabina de teléfono.»

La distancia no era fácil y Ricardo tomó una decisión insólita: volver a México para ir a buscar a Mercedes y cruzar la frontera por segunda vez. «No la iba a dejar venir sola porque conocía los peligros»,
explica muy serio. «Volver a cruzar era un riesgo que tenía que correr.»

Esa segunda vez optaron por atravesar el desierto de Arizona. Algunos mexicanos habían muerto ahogados por las corrientes del río
Bravo y un *coyote* se ofreció a ayudarlos a cruzar la frontera por tierra
a las afueras de la ciudad de Nogales. Dice Mercedes:

> Yo no sabía muy bien a qué venía. Me di cuenta al ver aquella bar-
> da grandota como de dos metros donde muchos se han quebrado las
> manos o los pies. Los *coyotes* suelen saber cuándo están los guardias.
> A veces cruzan de madrugada y a veces por las tardes. Pero ese día se
> nos apareció de pronto una patrulla con las sirenas puestas. Corrimos
> todos y nos metimos debajo de un carro y ahí sí que agarré miedo.

Al percibir la vigilancia, los *coyotes* llevaron a Ricardo y a Mercedes a lo que llaman una coladera: un túnel encharcado y excavado en
la tierra por debajo de la valla de acero que separa los dos países. Al
otro lado del pueblo los esperaba el camión en el que viajaron a Ohio
hacinados en un doble fondo sobre la cabina. «A veces escuchas casos
de personas que se quedan dentro y se mueren asfixiadas», dice Mercedes. «A nosotros nos tocó gente buena que nos llevó bien a nuestro
destino. ¡Bendito sea Dios!»

Al llegar a Painesville, se alojaron con el tío de Ricardo y empezaron a bregar en uno de los viveros donde trabajan la mayoría de los
inmigrantes mexicanos de esta región. Primero ahorraron para alquilar un apartamento y luego para comprar una casa prefabricada donde hoy viven con sus tres hijos y donde no tienen acceso a internet.
«Nunca nos pidieron papeles para ningún trámite», dice Ricardo. «Al
comprar la casa enseñé mi pasaporte. Al encontrar trabajo, un permi-

so falso. Los empresarios hacen la vista gorda porque necesitan mano de obra. Hay legales e ilegales. Estamos todos revueltos para que nadie distinga.»

Ni Ricardo ni Mercedes tienen carnet de conducir. Los dos se mueven al volante de coches matriculados a nombre del hermano de Mercedes y viven a merced de un encuentro fortuito con un guardia de tráfico o con un policía municipal.

En 2006 Ricardo dio positivo en un control de alcoholemia. El juez le envió varias citaciones. Él rellenó un formulario por consejo de un notario y le dio a un abogado 1.500 dólares por un permiso falso. Pero eso no detuvo el proceso administrativo, que desembocó en enero de 2014 en una orden de expulsión del país.

Aún no lo habían deportado pero Ricardo ya estaba pensando en cómo volver. «Aquí algunos deportados lo han intentado y han muerto», dice Mercedes. «Otros logran logran volver y se ponen apodos. Nunca sabes quiénes son.»

Algunos vecinos de Ricardo viven escondidos. Las autoridades de inmigración les dan un papel que deben presentar en los consulados americanos de México para demostrar que han abandonado el país. Quienes optan por quedarse están más en peligro que los demás.

A las mujeres no las deportan nunca. La mayoría se quedan aquí trabajando en los viveros y cuidando de sus hijos. Los de Ricardo y Mercedes hablan entre ellos en inglés. «Ya no conozco México», le dice Michelle a su madre. «Aquí tengo mis amigos. ¿Para qué ir a un sitio con gente que no conozco?»

Ricardo no estaría hoy en Ohio si no fuera por Verónica Dahlberg, una activista que se interesó por su problema unos meses antes de la fecha fijada para su deportación. Dahlberg fundó hace unos años la asociación HOLA y ha ayudado a otros inmigrantes sin papeles en una situación similar.

«Verónica me puso en manos de un buen abogado y logró que mi caso saliera en la prensa», explica Ricardo. «Así fue como conocí a los feligreses de la iglesia de St. Casimir.»

St. Casimir es una parroquia católica en la zona este de Cleveland, a unos 40 minutos en coche de la casa prefabricada donde vive la familia Ramos. La fundaron en 1891 unos inmigrantes polacos que se habían mudado demasiado lejos de la iglesia de St. Stanislaus y querían un lugar donde celebrar misa y una escuela para sus hijos en su lengua natal.

Al principio era una caseta de madera. Pero un constructor católico donó una parcela y los vecinos levantaron este edificio de ladrillo oscuro del tamaño de una basílica en el cruce entre la avenida Sowinski y la calle Ochenta y tres.

En el jardín hay dos ángeles blancos y en la fachada dos torres octogonales, dos gárgolas ennegrecidas y tres arcos de medio punto con las puertas abiertas de par en par. Dentro espera el sacerdote Eric Orzech, que lleva puesta una sotana negra con botones de tela y celebra misa cada domingo a las 11 y media en polaco y en inglés. «Ricardo es nuestro primer milagro», dice sonriente al recordar los días en los que sus feligreses ayudaron al mexicano a esquivar la deportación.

Sus abuelos emigraron a Ohio pero el párroco siempre mantuvo la relación con la Polonia de sus ancestros. Antes de ordenarse, Orzech ejerció como guía en el santuario de la Virgen de Częstochowa. «Aún gobernaban los comunistas», recuerda. «Necesitabas un visado y no era fácil llegar.» En la iglesia de Cleveland la patrona polaca no está en el altar mayor sino en uno mucho más modesto, situado en la nave izquierda y junto a Juan Pablo II.

El icono lo imprimió uno de los fieles por unos dólares en una imprenta de Cleveland y desde la Navidad de 2013 es un objeto de culto para la comunidad mexicana, que peregrinó hasta aquí para pedirle a la virgen polaca que Ricardo no tuviera que dejar el país.

Al pie del icono hay cuatro filas de velas rojas y una foto de los hijos de la familia Ramos con los regalos que recibieron el día de San Nicolás. También una carta escrita en inglés a mano con un bolígrafo negro y fechada el 29 de diciembre de 2013.

«Mi nombre es Michelle Ramos y somos una familia de cinco miembros», escribe su autora. «Mis hermanos y yo nacimos en Ohio. Yo tengo 11 años y vivo con mis padres. Mi padre ha estado aquí

16 años y sólo quiere trabajar para alimentarnos y para pagar sus cuentas. Sólo está aquí para trabajar y para cuidar de nosotros y me da pena que quieran deportarlo.»

La familia Ramos llegó a esta iglesia polaca gracias también al trabajador social John Niedzialek, que unos días antes envió un correo electrónico en el que le explicaba al párroco su situación. Se la había contado casi por casualidad la activista Verónica Dahlberg, que conocía muy bien los detalles del caso de Ricardo.

«Un día vi que ella llevaba un medallón de la Virgen de Częstochowa y le pregunté si conocía nuestra iglesia», recuerda Niedzialek. «Entonces me contó lo que ocurría con Ricardo y le dije que nos encantaría ayudar a su familia durante la Navidad.»

Dos días antes de la Nochebuena, el matrimonio Ramos visitó por primera vez St. Casimir y dejó un ramo de rosas rojas a los pies del icono de la Virgen. Unos días después, los feligreses empezaron a moverse para ayudar a sus hijos. Publicaron sus tallas para pedir bufandas, guantes y abrigos en el blog de la parroquia y empezaron a recaudar fondos para comprar un castillo para las muñecas de Michelle y una tableta para que la compartieran los tres niños.

«Empezaron a hablar muy bien de nosotros sin conocernos de nada», dice Mercedes Sánchez. «Los periódicos empezaron a mencionar nuestro caso y eso nos ayudó a parar la deportación.»

El esfuerzo por salvar a Ricardo culminó tres días antes de la fecha fijada para expulsarlo cuando unas 100 personas peregrinaron hasta esta iglesia para pedir a la Virgen de Częstochowa que Ricardo pudiera quedarse.

La caminata se celebró un lunes y se extendió a lo largo de 35 kilómetros. El grupo salió en torno a las siete de la mañana y llegó a St. Casimir unos minutos antes de las cuatro de la tarde.

Aquel día los mexicanos dejaron una imagen de la Virgen de Guadalupe en el altar mayor junto al icono de la Virgen de Częstochowa y entraron en la iglesia entonando un himno religioso en español. El sacerdote Orzech los recibió desde el púlpito blanco, rezaron en tres idiomas un misterio del rosario y la familia Ramos se arrodilló al final en un altar decorado con poinsettias rojas y media docena de árboles de Navidad.

Al final de la plegaria, los feligreses sirvieron a los mexicanos *pierogi*, la pasta rellena polaca, en el salón parroquial. El ambiente era de descubrimiento mutuo.

«Para muchos de nosotros la inmigración era algo sobre lo que leías en el periódico pero poco más», dice el cura. «Conocer a estas familias mexicanas ha sido un hallazgo. Esta gente necesitaba un milagro y vinieron a un lugar donde nosotros creemos que los milagros ocurren.»

La frase del párroco es una referencia a la propia resurrección de la iglesia, cuyo cierre anunció el obispo de Cleveland, Richard Lennon, a principios de marzo de 2009. La última misa antes del cierre se celebró en noviembre.

Los feligreses no dejaron de movilizarse. Escribieron a Roma y se reunieron cada domingo delante de la verja de la iglesia. Hicieron una foto del altar mayor, la enviaron a Gdansk y alguien allí la convirtió en una pancarta del tamaño de una portería de fútbol que reenvió a Cleveland y estuvo colgada durante dos años y medio a la entrada de St. Casimir. La burocracia vaticana anunció su decisión de reabrir la iglesia la primera semana de marzo de 2012 y la primera misa llegó cuatro meses después.

Hoy quedan en Cleveland ocho parroquias donde se celebra cada domingo la misa en polaco. El santo que da nombre a la de St. Casimir fue un príncipe de la Confederación Polaca-Lituana que nació en 1458 y murió con 25 años en la ciudad de Grodno, que hoy está dentro de las fronteras de Bielorrusia.

Allí nació cinco siglos después Wladek Szylwian, un superviviente del campo de concentración de Bergen-Belsen que durante décadas fue el monaguillo de St. Casimir. «Wladek nunca volvió a ver a ni su mujer ni a su hijo», recuerda el feligrés Joe Feckanin. «Si hubiera vuelto a Grodno, lo habrían matado porque era un soldado polaco que había combatido en el frente occidental.»

Wladek acababa de cumplir 96 años el día en que el obispo Lennon celebró la última misa antes del anunciado cierre de St. Casimir. Pero ni su edad ni sus achaques le impidieron cortar el micrófono del prelado varias veces durante la homilía.

Casi tres años después, el díscolo nonagenario estuvo presente en la ceremonia de la reapertura de St. Casimir enfundado en el uniforme del ejército polaco y sentado en primera fila entre el retrato del padre Maximiliano Kolbe, asesinado en Auschwitz, y la bandera del sindicato Solidaridad. «Fue el primero en recibir la comunión del obispo», recuerda el padre Orzech. «Murió el 20 de febrero de 2013, diez días después de cumplir 100 años. Aquí en la iglesia celebramos su funeral.»

El respaldo de St. Casimir fue decisivo para salvar a Ricardo Ramos. Pero su deportación no se habría evitado si no fuera por el abogado David Leopold.

Su despacho se encuentra a las afueras de Cleveland, en el sótano de un edificio de hormigón. Se construyó a mediados de los años sesenta y fue el último que levantó en Estados Unidos el arquitecto Walter Gropius, uno de los padres de la escuela de la Bauhaus.

Leopold escribe a menudo en los diarios nacionales y fue presidente de la asociación de abogados de inmigración. Su despacho es uno de los mejores de Cleveland y asume casos de otros estados como el del pastor hondureño Max Villatoro, separado de su mujer y sus cuatro hijos en marzo de 2015 y enviado desde Iowa de vuelta a su país.

Leopold llegó a la inmigración a través de su trabajo con los judíos que llegaban de la Unión Soviética pidiendo asilo a finales de los años ochenta. «Supongo que lo hice por mi historia familiar», dice entre sorbo y sorbo de café. «Mi abuelo era judío y se fue de Alemania en 1938. Su huida me hizo comprender que es importante que haya países seguros para los refugiados como él.»

Leopold conoció el caso de Ricardo Ramos por medio de la activista Verónica Dahlberg, que le pidió ayuda para evitar su deportación durante la Navidad de 2013. Lo primero que hizo fue solicitar a las autoridades una demora de un año en la expulsión mientras el Congreso debatía la reforma migratoria. Le denegaron la petición y presentó otra alegando que su cliente encajaba en algunas de las circunstancias que los agentes deben tener en cuenta según un memorándum publicado en junio de 2011 por John Morton, director del servicio de inmigración.

«El problema de Ricardo era su positivo en el control de alcoholemia», recuerda Leopold.

Sin ese positivo, enseguida le habrían dado una prórroga porque algunos factores lo favorecían: tenía tres hijos, había pagado impuestos y llevaba años trabajando en la región. Pero no querían dejar libre a nadie con un positivo en un control de alcoholemia porque unos años antes un boliviano sin papeles había matado en un accidente de tráfico a una monja en un pueblo de Virginia.

A Ricardo lo ayudó el ruido que hicieron los feligreses de la iglesia de St. Casimir. Pero Leopold recuerda que la decisión no se tomó en Cleveland sino en el despacho de Washington donde el abogado llamó unas horas antes de que se consumara la deportación.

«Aquí en Ohio estamos bajo la jurisdicción de la delegación de Detroit y su jefa, Rebecca Adducci, es mucho más estricta de lo que indica la política del Gobierno federal», dice Leopold. «Nosotros vamos primero a Detroit. Pero si no nos hacen caso, llamamos a Washington. Quienes están en Detroit son funcionarios públicos y trabajan para nosotros. Si no hacen bien su trabajo, nos quejamos a sus jefes. A veces funciona.»

La inmigración no es un fenómeno nuevo en Estados Unidos; ha atravesado tres grandes oleadas migratorias durante su historia. La primera ocurrió entre 1840 y 1860 y sus protagonistas fueron británicos, alemanes y escandinavos que ayudaron a colonizar el Oeste. La segunda tuvo lugar al inicio del siglo xx y sus protagonistas fueron los chinos, los judíos, los irlandeses y los italianos que llegaron para trabajar en las minas, en la industria metalúrgica y en las empresas del sector textil. La tercera oleada arrancó a mediados de los años sesenta y por ahora no ha terminado, espoleada por la brecha económica al sur del río Bravo y por los problemas en países como México, Guatemala o El Salvador.

Estados Unidos es un país construido sobre el esfuerzo de los inmigrantes. Pero eso no ha evitado que una parte significativa de sus habitantes haya sentido desde siempre un rechazo instintivo hacia los últimos en llegar. Preocupado por la influencia creciente de los inmigrantes alemanes en Pennsylvania, Benjamin Franklin escribió dos décadas antes de la Declaración de Independencia: «Quienes vienen son los más ignorantes y estúpidos de su nación. No están acostumbrados a la libertad y no saben cómo hacer uso de ella. Pronto los alemanes serán tan numerosos que nos germanizarán en lugar de adoptar nuestra cultura y nunca adoptarán nuestro idioma o nuestras costumbres.»

Aquellas profecías nunca se cumplieron: los inmigrantes alemanes enseguida adoptaron la cultura de su país de acogida y su influencia fue vital en estados como Michigan, Ohio o Nueva York. Y sin embargo los prejuicios de Franklin han resurgido a menudo durante estos dos siglos aplicados a irlandeses, italianos, judíos, chinos, japoneses e hispanos de cualquier país.

Antes de la Declaración de Independencia, las 13 colonias llevaban un siglo afrontando la inmigración según lo que marcaba la Corona británica, que había regulado la entrada de súbditos de otros países y la había sometido a algunas restricciones. Entre quienes llegaron entonces, había alemanes, suecos, finlandeses e irlandeses además de los holandeses de Nueva York.

Los fundadores de Estados Unidos eran conscientes de que el país necesitaba importar inmigrantes para explotar sus recursos naturales. Pero su Constitución no ofrecía directrices y dejaba en manos del Congreso el deber de «establecer una regla uniforme de naturalización». Ese deber se concretó en la Ley de Naturalización de 1795, que ofrecía la posibilidad de obtener la nacionalidad a cualquier extranjero que llevara cinco años en Estados Unidos, hiciera un juramento de lealtad y avisara de su propósito con dos años de antelación.

La ley incluía una cláusula que escandalizaría a casi cualquier estadounidense del siglo XXI: esos derechos sólo podían reclamarlos personas blancas y libres. El proceso de naturalización se completó después de la Guerra de Secesión con la aprobación de la 14.ª enmienda, que convirtió en ciudadano americano a cualquiera que hubiera nacido en el país.

La primera oleada migratoria trajo a Estados Unidos a cuatro millones de personas y creó una fuerte inquietud entre 1840 y 1860. La llegada de irlandeses y alemanes pobres despertó la hostilidad hacia los católicos y propició la creación del Partido Americano, que se presentó a las elecciones presidenciales de 1852 y 1856 con un programa que proponía extender hasta 21 años el tiempo de espera hasta conseguir el pasaporte.

La propuesta nunca llegó a salir adelante por el estallido de la Guerra de Secesión, en cuyas trincheras combatieron juntos nativos e inmigrantes en las filas de la Unión y de la Confederación. Pero el Congreso sí aprobó un puñado de leyes restrictivas al final de la contienda. Entre ellas, normas que prohibían acoger a los mendigos, a los convictos, a las prostitutas, a los tuberculosos, a los enfermos crónicos, a los analfabetos y a cualquier enfermo mental.

Ningún país recibió más inmigrantes durante el siglo XIX que Estados Unidos, adonde llegaron unas 35 millones de personas. El impulso de la primera oleada migratoria fue la promesa de un país con inmensos recursos naturales. Los motivos de la segunda fueron el atractivo de las grandes ciudades y la explosión de la revolución industrial.

Mineros eslovacos, sastres judíos y albañiles italianos llegaron a Nueva York atraídos por el crecimiento económico y por la posibilidad de enviar remesas a sus familias. Sólo una cuarta parte regresó a su país de origen. El resto aprendió el idioma, rehízo su vida al otro lado del océano y se quedó.

Hasta finales del siglo XIX la inmigración había sido un fenómeno europeo. Pero esa premisa cambió con la llegada a California de los primeros chinos, que se convirtieron en mano de obra barata para la construcción del ferrocarril. Racistas, sindicatos y organizaciones afroamericanas se unieron para impulsar la *Chinese Exclusion* Act

(1882), una norma que propició el fin de la mayor parte de la inmigración china y que no se derogó hasta 1943.

La ley permitía la llegada de los comerciantes, de los estudiantes y de los familiares de chinos con pasaporte americano y prohibía a los obreros la entrada al país. Muchos chinos sufrieron la violencia de los agentes fronterizos. Otros optaron por saltarse la legislación cruzando la frontera desde México o Canadá.

Ese fenómeno propició la creación de la guardia de frontera y de la figura del superintendente, que dependía del Tesoro de Estados Unidos y gestionaba los asuntos relacionados con la inmigración. La lucha de los chinos discriminados también trajo avances, como la decisión del Tribunal Supremo a favor de Wong Kim Ark. En ese caso, de 1898, un veinteañero nacido en San Francisco de padres chinos consiguió que la corte reconociera su derecho a la ciudadanía estadounidense e interpretara por primera vez la enmienda de la Constitución sobre el derecho de suelo a favor de los hijos de inmigrantes.

Mientras se limitaba la llegada de chinos en California, el otro extremo del país vivía la era dorada de la inmigración europea. Unos 14 millones de personas llegaron a los puertos de la costa Este entre 1901 y 1920. La mayoría eran varones solteros que trabajaban en las fábricas y malvivían en los peores barrios de ciudades como Pittsburgh o Nueva York.

Su presencia despertó suspicacias entre grupos tan distintos como el Ku Klux Klan o los sindicatos. Pero también entre la comunidad eugenésica reunida en torno a la Immigration Restriction League (IRL).

La IRL no era una organización marginal. En sus filas había académicos de prestigio y políticos poderosos como Henry Cabot Lodge, senador y confidente de Theodore Roosevelt. Su influencia se percibe en la legislación que fue aprobándose durante las primeras décadas del siglo XX para establecer cuotas anuales de inmigrantes por país.

Desde 1927 se estableció un cupo anual de 150.000 inmigrantes y se dio prioridad a las nacionalidades con más presencia en el país. Los países de Latinoamérica no estaban incluidos en esa cuota, por lo que no tenían límite de entradas. Entre otras cosas por las presiones de los congresistas californianos, cuyas explotaciones agrícolas necesitaban mano de obra barata de México para sobrevivir.

El número de mexicanos se había triplicado entre 1910 y 1920. La mayoría trabajaban en la agricultura y vivían en estados como Arizona, California o Nuevo México. A muchos se les empujó a dejar el país durante la Gran Depresión con la cooperación de los diplomáticos mexicanos. Pero ese proceso se frenó durante la guerra, cuando su trabajo en el campo y en las conserveras se percibió como un elemento necesario para la supervivencia del país.

Se podría decir que la Segunda Guerra Mundial fue un punto de inflexión en la política migratoria. Demudado por el impacto del Holocausto y temeroso del ascenso de la Unión Soviética, Harry Truman aprobó una ley que otorgó visados temporales a 250.000 refugiados europeos y su sucesor republicano, Dwight Eisenhower, usó sus poderes especiales para recibir a 30.000 húngaros después de la represión de 1956 y a cientos de miles de cubanos después del ascenso de Fidel Castro.

Aquellos gestos abrieron la puerta a la revisión del sistema de cuotas, que empezó a impulsar un grupo de senadores progresistas, ayudado por la explosión de la economía y por el respaldo de la Iglesia católica y de los líderes del movimiento a favor de los derechos civiles.

Así nació la *Immigration and Nationality Act*, aprobada en 1965 por una coalición de republicanos moderados y demócratas progresistas cuyo portavoz fue el senador Ted Kennedy. La ley, que entró en vigor en 1968, abolió las cuotas por país e impuso un tope de 120.000 inmigrantes del hemisferio occidental y de 170.000 del oriental. Pero ninguna medida tuvo tanto impacto como el establecimiento de un sistema (aún en vigor) para promover la reunificación familiar, que descuidó la dimensión económica de la inmigración. La ley potenció la llegada en cadena de hermanos, padres y abuelos de quienes ya vivían en Estados Unidos y no de aquellos inmigrantes con ofertas de empleo y cuya presencia habría contribuido más a potenciar el crecimiento del país.

«El problema que nadie se atreve a resolver en la política migratoria es la reunificación familiar», escriben Jeb Bush y Clint Bollick en su libro *Immigration Wars*. «Casi dos tercios de los visados se otorgan cada año por ese motivo y no sólo se los quedan niños y esposos sino tías, tíos, primos e hijos adultos que a su vez tienen el derecho a traer a otros parientes en una espiral interminable que se conoce como inmigración en cadena.»

Los impulsores de la norma aseguraron que su aprobación no cambiaría la apariencia del país. Se equivocaron. A finales de los años sesenta, los europeos dejaron de emigrar a Estados Unidos persuadidos por su propio milagro económico y las ciudades americanas empezaron a recibir inmigrantes de países de Asia, el Caribe, África y Oriente Próximo.

Espoleados por la descolonización y la mejora de la aviación comercial, unos siete millones de inmigrantes llegaron a Estados Unidos entre 1971 y 1986. La cifra anual alcanzó el millón en 1989 y se mantuvo ahí durante los prósperos años noventa. Sólo un 13 por ciento llegaba de Europa. La inmensa mayoría venía de países como México, Filipinas, Vietnam, China o Taiwán.

La ley de 1965 tuvo un efecto no buscado: el crecimiento de la inmigración ilegal. Al dar preferencia a la reunificación familiar y reducir las vías legales para entrar en Estados Unidos a los que no tenían parientes en el país, se multiplicó el número de quienes entraban sin papeles o se quedaban más tiempo del que les permitía su visado.

La inmensa mayoría eran campesinos y proletarios mexicanos que empezaron a cruzar la frontera empujados por los problemas económicos y por la propia geografía de una frontera larga, porosa y difícil de controlar.

El fenómeno generó una dependencia mutua entre los inmigrantes sin papeles que huían de la pobreza y las empresas que se beneficiaban de su mano de obra en sectores como la agricultura, la jardinería o la industria textil.

Ronald Reagan intentó resolver el problema con una ley que regularizó a tres millones de indocumentados en 1986. Pero aquella norma no mejoró la seguridad en la frontera ni creó vías nuevas para la inmigración legal. Dos extremos que siguieron atrayendo a más mexicanos durante los años noventa y que exacerbaron el problema.

Los atentados del 11-S empujaron al Gobierno federal a potenciar los controles fronterizos y a construir un muro en un sector de la frontera sur. Pero nunca hubo tantos inmigrantes sin papeles en Estados Unidos como en la primera década de este siglo. Las organizaciones humanitarias sitúan la cifra en torno a los 12 millones de personas pero es imposible fijarla con precisión.

Los inmigrantes indocumentados no tienen acceso a pensiones ni a un seguro médico pero su presencia supone un coste notable para las arcas del Estado, obligado a sufragar la educación de sus hijos, su atención sanitaria en los servicios de urgencia de los hospitales o la estancia en las cárceles de la minoría que delinque. Esos servicios suponen un coste de unos 36.000 millones de dólares según los cálculos de FAIR, una organización fundada en 1979 para combatir la inmigración ilegal.

Esas cifras y la impresión errónea de que la inmigración genera delincuencia han complicado la aprobación de una reforma que resuelva la situación de los inmigrantes sin papeles que viven en el país.

Con el beneplácito de George W. Bush, el demócrata Ted Kennedy y el republicano John McCain impulsaron un proyecto que lo intentó sin éxito en 2007. Hasta seis años después no hubo ningún intento legislativo que aspirara a resolver el problema de una vez.

Al llegar al poder, Barack Obama reunió a varios legisladores en la Casa Blanca para volver a intentarlo. Pero de aquel encuentro no salió ningún plan concreto y el presidente optó por acelerar la reforma sanitaria en lugar de perder fuerzas en un proyecto legislativo sobre inmigración.

El asunto de la reforma migratoria resurgió al calor de la reelección del presidente en noviembre de 2012. El republicano Mitt Romney apenas había logrado el 27 por ciento del voto latino y los líderes de su partido intentaron cambiar su discurso sobre inmigración.

El informe que publicó la dirección republicana después de la derrota era inequívoco: «Los votantes hispanos nos dicen que la posición de nuestro partido sobre inmigración se ha convertido en el detalle que prueba si los recibimos con un felpudo de bienvenida o les damos con la puerta en las narices».

Unos días después de las elecciones, el senador demócrata Chuck Schumer y los republicanos John McCain y Lindsay Graham empezaron a trabajar en una nueva reforma migratoria. Al principio se reunían a las ocho de la mañana en sus despachos para moldear los puntos clave del proyecto y reunir en torno a él a senadores de los dos grandes partidos. Enseguida se sumaron los demócratas Dick Durbin, Michael Bennet y Robert Menéndez. Encontrar republicanos que acompañaran a McCain y Graham no fue fácil. Lo intentaron con Mike Lee pero el senador por Utah se echó atrás antes de que emergiera su nombre. Al final convencieron al novato Jeff Flake y al hispano Marco Rubio.

A Rubio lo abordó el demócrata Dick Durbin, que se lo encontró un día de diciembre a primera hora de la mañana en el gimnasio del Capitolio. Según escribió el periodista Ryan Lizza en el *New Yorker*, McCain era renuente a incluirlo en el grupo. Pero sus colegas demócratas lo convencieron de que su presencia facilitaría el respaldo del sector republicano más conservador.

Hasta entonces Rubio había ofrecido señales contradictorias sobre la reforma migratoria. Durante su campaña al Senado comparó la polémica ley de inmigración de Arizona con «la creación de un estado policial». Pero luego se retractó de sus palabras al recibir críticas de varios activistas conservadores, que le reprocharon su desconocimiento de la situación.

No llevar siempre encima la documentación es delito según la norma de Arizona, que autoriza a la policía a arrestar a cualquier ciudadano cuyo estatus migratorio levante sospechas. Quienes criticaron la ley en 2010 dijeron que era una invitación abierta al acoso y a la discriminación de los hispanos. Pero eso no evitó que Rubio rectificara y le diera su apoyo después de hablar con varios legisladores y observar cambios menores en la ley.

Las palabras que pronunció durante una entrevista con un medio digital conservador llamado *Human Events* reflejan la posición de Rubio durante su campaña al Senado en 2010:

Habrá historias de chicos a los que sus padres trajeron aquí siendo muy pequeños que van a ser enviados a Nicaragua y que ni siquiera hablan español. Y va a parecer extraño y lo entiendo. Pero el objetivo aquí es tener una política migratoria que funcione y si uno ofrece a quien ha entrado de forma ilegal una vía hacia la ciudadanía a cambio de pagar suficientes impuestos, ¿por qué iba a seguir los cauces legales? Nunca vamos a tener un sistema de inmigración que funcione si concedemos una amnistía.

El paso en falso en Arizona marcó la actitud de Rubio, que durante sus primeros años en el Senado fue muy cauto al abordar el asunto de la inmigración. Esa estrategia empezó a cambiar en abril de 2012, cuando el senador anunció que preparaba una ley «alternativa» para los menores que llegaron a Estados Unidos con sus padres. El proyecto no les ofrecía una vía para conseguir el pasaporte americano pero sí visados para estudiar en la universidad o servir en el ejército que podrían mantenerlos a salvo de la deportación.

El senador presentó su plan al candidato presidencial Mitt Romney y se reunió con líderes hispanos como Janet Murguía o Gaby Pacheco, que elogiaron su buena voluntad. Pero sus esfuerzos no gustaron a la Casa Blanca, que intentó convencer a los activistas demócratas de que no ayudaran a Rubio y les dijo que su proyecto no saldría adelante.

Lo ocurrido lo cuenta bien en sus memorias el congresista demócrata Luis Gutiérrez, que explica cómo el entorno del presidente intentó presionarlo para que anunciara su oposición al plan. El entorno del presidente organizó una reunión con los demócratas hispanos en la Cámara de Representantes y envió a Cecilia Muñoz, una mujer de origen boliviano que se había criado en Michigan y se había hecho un nombre en la lucha por los derechos civiles.

«Cecilia había sido una de las mayores defensoras de nuestra comunidad y ahora yo no sabía si sentir pena o enojarme con ella», escribe el congresista Gutiérrez. «Dijo que [debíamos oponernos a la propuesta de Rubio porque] no establecía suficientes reformas pero la razón oculta era evidente: el presidente no quería que un republicano aliado de Romney asumiera una posición más progresista que la suya en el tema de los inmigrantes.»

Gutiérrez respondió a la emisaria de Obama:

> Cecilia, tu problema no es Rubio, tu problema son las deportaciones. Según lo veo, Rubio quiere ayudar a solucionar el problema de las deportaciones. Su solución no es perfecta pero hace más de lo que está haciendo el presidente. ¿Y ustedes quieren que nos opongamos a ella? Si llega a la Cámara de Representantes, votaré a favor. No sólo eso sino que trabajaré con Rubio para que se apruebe y alentaré a los otros para que voten por ella.

Inmerso en la carrera por la reelección y preocupado por el rechazo de sus congresistas, el propio Obama presentó a Rubio como un oportunista durante una entrevista en el canal hispano Telemundo. «Los republicanos lo quieren todo», dijo el presidente. «Quieren apelar al sentimiento contra los inmigrantes y a la vez decir: "Pero a nosotros nos importan estos chicos y queremos hacer algo". A mí eso me parece hipocresía.»

Unos días después de aquella entrevista, Obama se adelantó a Rubio y anunció la llamada acción diferida, que permitió solicitar un permiso de trabajo a los jóvenes indocumentados que hubieran llegado a Estados Unidos antes de junio de 2007. Rubio criticó la medida por electoralista y anunció que retiraba su propuesta: «Si el presidente ignora al Congreso y a la Constitución y obliga al pueblo a tragarse una propuesta como ésta, va a ser más duro tener una conversación sobre inmigración».

Y sin embargo Rubio había empezado a tomarse los asuntos migratorios mucho más en serio y a reunirse con los activistas con más peso en la comunidad hispana. En febrero de 2013, contó cómo unas semanas antes su madre le había dejado un mensaje en su contestador pidiéndole que tratara bien a los inmigrantes. «Son seres humanos como nosotros y han venido aquí por las mismas razones por las que

vinimos nosotros. Para trabajar. Para mejorar sus vidas... Los pobreci-
tos», decía Oriales en su mensaje cariñoso a su hijo. El hecho de que
Rubio dejara oír la grabación a un periodista de la revista *Time* indi-
caba su disposición a actuar en la política migratoria.

Ese esfuerzo lo percibió el demócrata Durbin al dirigirse a él en el
gimnasio aquella mañana de invierno de 2013. «Tienes que ser parte de
esto», dijo Durbin. «Tú serás una voz importante, así que ven a vernos.»

Unos días antes, el senador hispano había advertido en las páginas del *Wall Street Journal* que estaba dispuesto a aprobar una ley o varias que concedieran «un estatus legal a los inmigrantes indocumentados» si aprendían inglés, pagaban una multa, saldaban sus deudas con
Hacienda y no tenían ningún antecedente penal.

Las palabras de Rubio se ajustaban a los planes de sus colegas en
el Senado, que enseguida se hicieron llamar «la banda de los ocho»,
como suelen hacer los legisladores que se unen para redactar una ley.

Al principio sus adversarios no fueron los republicanos más conservadores sino los dirigentes de la Casa Blanca, que querían presentar
su propio proyecto durante un acto en Las Vegas sobre inmigración.
«Si presentas tu proyecto, los republicanos sentirán que estás acorra-
lándolos», le dijo un senador demócrata al presidente, que se vio obligado a suavizar su discurso y presentar sólo unos principios generales
y no el texto íntegro de la ley.

Durante la negociación, los republicanos acordaron tres priori-
dades: potenciar la seguridad en la frontera, actualizar las normas para
los trabajadores extranjeros y ofrecer una vía para regularizar a los inmigrantes sin papeles. El punto más polémico era el primero porque
querían establecer un requisito de seguridad sin el cual no se iniciaría
el proceso de regularización.

Esa condición se quedó fuera de la ley. Entre otras cosas porque
al senador McCain no le parecía que tuviera mucho sentido: «Si cons-
truyéramos el Muro de Berlín y pusiéramos ametralladoras cada 50 metros, dirían que la frontera no es segura», dijo unos días después de que
se aprobara la ley.

El otro obstáculo a la hora de aprobar el proyecto fueron los sindicatos, que siempre han percibido la inmigración como una amenaza para los empleos de sus militantes. Demócratas y republicanos optaron por poner a negociar a los máximos responsables de la Cámara de Comercio y de la federación de sindicatos AFL-CIO.

El acuerdo entre empresarios y sindicatos se demoró hasta el Viernes Santo de 2013 y no habría sido posible de no ser por los letrados cubanoamericanos León Fresco y Enrique González, que ejercieron como asesores de Schumer y Rubio sobre inmigración.

González conocía al senador hispano desde abril de 1998, cuando ambos fueron elegidos concejales de West Miami. El tenso enfrentamiento por la sustitución de una concejal había quedado muy atrás. Desde entonces, González había trabajado para el bufete Fragomen ayudando a empresas como Viacom o Carnival a lograr visados para sus empleados. Un trabajo que lo llevó a conocer a fondo los entresijos del sistema y que lo ayudó a elaborar el proyecto de ley del Senado, que aborda a lo largo de 1.077 páginas cada detalle del problema de la inmigración.

«Marco es lo que ves», decía entonces Schumer sobre su colega. «Es inteligente y tiene sustancia. Sabe cuándo pactar y cuándo no hacerlo y es muy amable.» Una visión que no siempre compartía el senador McCain, con el que Rubio mantuvo algunos rifirrafes durante el proceso.

«De vez en cuando su inexperiencia aquí se nota pero no es algo grave», decía McCain durante la negociación en la primavera de 2013. «Uno lee que Rubio va a hacer esto o lo otro y piensa: "Espera un momento, Marco. ¡Hagámoslo juntos!".»

Más tenso fue el intercambio que ambos senadores tuvieron, según el *Washington Post*, durante una reunión con los representantes de varios grupos de presión que defendían la necesidad de aumentar el número de permisos temporales para cubrir empleos no cualificados. «¿No podrían los hijos de los indocumentados cubrir esos puestos?», preguntó McCain. «Perdóneme, senador, pero debo decir que los hijos de esos inmigrantes serán médicos y abogados», le espetó Rubio a su colega según una de las personas presentes en la reunión.

Durante la primavera de 2013, Rubio desempeñó el papel que sus colegas le habían asignado: defender el proyecto en los foros conservadores y en los programas de Fox News ante estrellas como Sean Hannity, Rush Limbaugh o Laura Ingraham.

«¿No es razonable para los conservadores asumir que a usted lo han engañado?», le preguntó Ingraham en antena.

«No lo es», respondió el senador. «Son los demócratas quienes han venido a nuestra posición y no al revés. [Los inmigrantes sin papeles] no se van a ir a menos que los arrestemos, los metamos en un avión y los enviemos a su país. Si no hacemos eso, ¿cuál es la alternativa?»

Los ocho senadores llegaron a un acuerdo y presentaron el texto el 16 de abril de 2013. Dos días antes, Rubio explicó en inglés los detalles del proyecto en los cinco grandes programas dominicales y en español en los espacios políticos de Telemundo y Univision. Su papel era explicar el proyecto y desmentir bulos. «Algunos conservadores han oído que este proyecto crea una ayuda para que los inmigrantes se compren un coche o una moto», dijo Rubio en una de sus intervenciones. «Eso sencillamente no es verdad.»

Los miembros de la comisión de Justicia del Senado presentaron hasta 300 enmiendas al texto que habían propuesto Rubio y sus colegas. Líderes como Durbin o McCain se sintieron obligados a votar a favor de medidas que no respaldaban del todo para mantener el proyecto a salvo. Rubio, en cambio, empezó a desmarcarse del grupo en detalles legislativos acordados con sus colegas. Buscaba suavizar el impacto del acuerdo ante los portavoces de la derecha radical.

Al final el texto superó el obstáculo de la comisión de Justicia y fue aprobado a finales de junio por el pleno del Senado, donde obtuvo el respaldo de 68 senadores y el rechazo de 32.

Con la ley a punto de someterse a votación en el pleno, Rubio amagó con no votar a favor y sólo lo hizo después de que se aprobara una enmienda de los republicanos Bob Corker y John Hoeven que proponía invertir unos 40.000 millones de dólares para duplicar el número de guardias desplegados en la frontera y ampliar en mil kilómetros el muro que separa Estados Unidos de México.

El día de la votación, líderes demócratas y republicanos elogiaron el proyecto como un avance histórico. El texto abría una vía a la ciudadanía para millones de inmigrantes indocumentados si pagaban una multa, abonaban los impuestos atrasados y demostraban que no tenían antecedentes. Diez años después de iniciar el proceso y sólo cuando el Gobierno federal resolviera todos los visados atrasados, los inmigrantes sin papeles podrían solicitar un permiso de trabajo. El pasaporte estadounidense sólo podrían pedirlo tres años después de tener ese permiso.

La aprobación del proyecto fue un momento importante para Rubio. Al fin y al cabo, nunca antes había impulsado una reforma tan importante y con un impacto tan grande sobre su comunidad. En el pleno recordó el ejemplo de sus padres y citó el poema de Emma Lazarus que puede leerse al pie de la Estatua de la Libertad. Rubio proclamó: «Aquí en América se cumplirán varias generaciones de sueños pendientes y por eso apoyo esta reforma. No sólo porque creo en los inmigrantes sino porque creo en América todavía más».

Y sin embargo el senador hispano enseguida empezó a desmarcarse del proyecto. Su entorno había empezado a percibir el enfado de los activistas conservadores y prefirió alejarse de un asunto que podía ser un lastre en su carrera hacia la Casa Blanca y que no tenía ninguna posibilidad de terminar bien.

«La amnistía de Rubio no es sólo mala para América. ¡Es el fin de América!», proclamó la comentarista conservadora Ann Coulter. «Es uno de los peores desperdicios de capital político que he visto en mucho tiempo», dijo el locutor Steve Deace, cuyo programa tiene una fuerte influencia entre los conservadores de Iowa.

El rechazo de la derecha republicana fue uno de los motivos por los que Rubio dejó de apoyar el proyecto que había ayudado a redactar. El otro fue la convicción de que el texto no iba a ser aprobado por la Cámara de Representantes. El *speaker* republicano John Boehner anunció que nunca sometería a votación el proyecto del Senado y explicó que seguiría su propio camino a la hora de abordar el problema migratorio.

Las palabras de Boehner respondían a la lógica electoral de muchos de los republicanos de la Cámara de Representantes. Un 70 por ciento representa a distritos donde los hispanos suponen menos del 10 por ciento del censo. Oponerse a un acuerdo era un buen antídoto al posible desafío de un adversario radical durante las primarias republicanas. El sistema no ofrecía a los congresistas ningún incentivo para pactar.

Siete de los ocho senadores que habían impulsado el proyecto de reforma migratoria animaron a la Cámara de Representantes a aprobarlo. Rubio optó por no unirse a su petición.

Para entonces el senador hispano había dejado de sentir la urgencia de la primavera. «Yo espero que con el tiempo resolvamos este problema», dijo en Fox News un mes después de la votación del Senado. «Pero no es el problema más importante que afronta América. Obamacare, por ejemplo, es más importante.»

A la vuelta del verano, Rubio completó su viraje respaldando la estrategia de sus colegas de la Cámara de Representantes, que abogaban por desechar el proyecto del Senado y aprobar un puñado de leyes empezando por una para reforzar el control de la frontera sur.

El senador hispano abandonó entonces la bandera de la inmigración y se entregó a la lucha contra la reforma sanitaria de Obama que desembocó en el cierre del Gobierno federal. Se trataba de recobrar el respaldo de los activistas conservadores que lo habían ayudado a llegar al Senado y que ahora le reprochaban su dedicación a la inmigración.

Un año después del fracaso del proyecto del Senado, Obama concibió un segundo decreto dirigido a excluir de la deportación al 30 por ciento de los 11 millones de inmigrantes indocumentados del país.

Esperó unos meses para no empañar la campaña de algunos senadores demócratas que se presentaban a las legislativas del 4 de noviembre de 2014. Tres semanas después de los comicios, el presidente presentó su iniciativa ejecutiva dirigida a personas como el inmigrante mexicano Ricardo Ramos: indocumentados que tuvieran hijos que fueran ciudadanos estadounidenses y que hubieran cumplido las leyes desde 2010.

Según contó el periodista Jeffrey Tobin en el semanario *The New Yorker*, la Casa Blanca diseñó un plan para alquilar un edificio de 11 plantas y contratar a 3.000 empleados para gestionar las solicitudes, cuyo plazo se abriría en febrero de 2015. Pero el plan saltó por los aires unos días después, cuando Texas y otros 24 estados presentaron una demanda contra el Gobierno federal.

Los estados que denuncian el decreto de Obama argumentan que es ilegal porque les impone gastos que no estaban previstos. Los 14 estados que defienden la ley dicen en un escrito que ocurre justo lo contrario: «Cuando los inmigrantes pueden trabajar de forma legal, sus salarios suben, buscan trabajos mejores, mejoran su formación y todo eso beneficia a la economía generando ingresos y haciendo crecer el número de ciudadanos que pagan impuestos».

Menos de 48 horas antes de que entrara en vigor el decreto, un juez de Texas decretó su suspensión cautelar en todo el país por un defecto de forma. La denuncia entró entonces en un laberinto legal destinado a desembocar en el Tribunal Supremo. Mientras tanto, millones de inmigrantes como Ricardo siguen viviendo con miedo a que un encuentro con la policía desencadene una orden de deportación.

Ohio es uno de los estados que se ha sumado a la demanda contra el decreto de Obama. La decisión la tomó el fiscal general del estado. Pero no recibió ninguna reprimenda de su gobernador, el republicano John Kasich, que en julio de 2015 anunció su intención de lanzarse a la carrera presidencial.

«Hace unos días nos reunimos con Kasich y con una veintena de inmigrantes indocumentados», dice el abogado David Leopold. «Le dijimos que la demanda estaba mal y dijo que iba a hacer unas llamadas pero no hizo nada. Él y Bush parecen las voces más razonables pero sus propuestas son muy vagas. El problema requiere soluciones concretas y por ahora no han dado ninguna.»

¿Y el senador hispano Marco Rubio? «Rubio cometió un error», dice Leopold.

Pareció valiente al respaldar la reforma migratoria en el Senado pero casi inmediatamente se echó atrás. Si hubiera defendido aquel proyecto, hoy sería un héroe. Quizá no habría podido presentarse a las presidenciales pero tendría un prestigio enorme entre los hispanos. Ahora nadie confía en él y se ha convertido en un chiste. Su candidatura no va a ninguna parte.

El abogado cree que a Ricardo Ramos lo salvó sobre todo el apoyo de la parroquia polaca y su presencia en la prensa local:

No es un sistema justo. ¿Por qué alguien cuyo nombre sale en el periódico es más importante que otro que no sale? Alguien como Ricardo no necesitaría venir a mí para resolver su problema. Pero personas así no tienen ninguna forma de legalizar su situación. Tendrían que salir de Estados Unidos y esperar 10 años. Si tus hijos han nacido aquí y son ciudadanos, eso es un problema muy grave porque en México no tienen dónde volver.

El abogado Leopold y la iglesia de St. Casimir tampoco habrían llegado al caso de Ricardo Ramos si no fuera por Verónica Dahlberg y su asociación HOLA, que se reúne cada martes en un edificio blanco que pertenece a una iglesia local.

Dahlberg tiene 52 años, está divorciada y tiene tres hijos. Es hija de un húngaro y una mexicana y dedica su tiempo a defender los derechos de los inmigrantes en esta región.

Su madre le decía que tenía «la cabeza dura» y quienes conocen a la fundadora de HOLA dicen que tenía razón. Creó la asociación al presenciar varias redadas contra inmigrantes en 2007 y desde entonces se ha convertido en una especie de ángel de la guarda de la comunidad.

HOLA es un acrónimo que significa Hispanas Organizadas de Lake y Ashtabula. Lake es el condado donde se ubica Painesville y Ashtabula es el lugar donde vive Dahlberg. La asociación tiene delegaciones en las ciudades de Lorain, Akron y Norwalk y mantiene un contacto permanente con abogados como David Leopold y con organizaciones como American's Voice, una red de apoyo a inmigrantes.

A Dahlberg le gusta recordar cómo los vecinos de Ashtabula ayudaron a los esclavos que se escapaban de estados como Kentucky en el siglo XIX y cómo se reunieron en una taberna que aún existe para proteger a dos fugitivos de quienes se los querían llevar de vuelta a los estados del Sur. «Ese detalle me inspira», explica. «Siempre se lo recuerdo a quien me dice que lo que estoy haciendo no está bien.»

Dahlberg ha ayudado a esquivar la expulsión a personas como Ricardo Ramos. Hasta dos docenas de inmigrantes sin papeles viven aún con sus hijos gracias a su intercesión. Pero sus gestiones no siempre dan sus frutos y siente no haber podido ayudar a otras familias. No lo logró con Ángel Murillo, expulsado unos días antes de que la Casa Blanca anunciara un decreto que le habría permitido vivir sin miedo a las autoridades de inmigración. Llevaba 20 años en Estados Unidos y residía en Painesville con su esposa y con sus cuatro hijos. Tres eran ciudadanos, nacidos en Estados Unidos.

La familia Murillo llegó a pagar hasta 30.000 dólares a una abogada que no presentó la última apelación porque se negaron a seguir sometidos a su extorsión. «Hicimos lo imposible pero todo el mundo estaba muy ocupado con las elecciones [legislativas de 2014]», dice Dahlberg, a quien los Murillo recurrieron en los últimos días, cuando apenas quedaba tiempo para detener la deportación.

Pocas historias son tan tristes como la de David Lomeli y Salvador Montes, dos inmigrantes deportados después de sendos encuentros con la policía durante 2012. Eran amigos y cuñados. Ambos intentaron volver unos meses después atravesando el desierto de Arizona pero nunca llegaron a su destino. Primero apareció el cadáver descompuesto de David y luego el esqueleto de Salvador. El Gobierno repatrió sus cadáveres a Ohio. Seis niños quedaron huérfanos y una mujer, Marisela Lomeli, perdió a su marido y a su hermano casi a la vez.

«Es uno de los casos más graves que hemos sufrido», recuerda Dahlberg. «Pero hace dos años un padre de familia se suicidó en un centro de detención de inmigrantes unos días antes de escuchar su sentencia. Un abogado llevaba meses sacando dinero a su familia. Lo deportaron, había regresado y habían vuelto a detenerlo. Quizá la angustia ante esa situación absurda fue lo que lo llevó al suicidio.»

Algunos de los protagonistas de esas tragedias llenan hoy este salón de Painesville donde hay una piscina hinchable, varias cajas de pañales y una fila de estanterías llenas de biblias para niños y cartulinas de colores.

Casi en la última fila del salón y con una camiseta roja del equipo de fútbol de Irapuato se distingue la figura oronda de Ricardo Ramos junto a su esposa Mercedes. Ha pasado un año y medio desde que esquivó la deportación y asegura que se siente muy agradecido a Verónica y que vuelve a menudo a St. Casimir. Su hijo es uno de los monaguillos de la parroquia y el padre Orzech los invita a comer cada vez que van.

Ricardo aún vive con miedo porque por ahora no ni tiene permiso de trabajo ni de conducir. «Conducimos sin carnet y cada vez que se te pega ahí detrás un coche de policía empiezas a rezar. El corazón te late muy deprisa y te preguntas de dónde salió», explica. Mercedes es más optimista: «Tienen nuestro nombre y nuestra dirección y no han venido a vernos. Por ahora lo mejor es no revolver».

A Ricardo y a Mercedes les gustaría viajar a México pero no pueden. Los abuelos ni siquiera conocen a sus nietos y hablar por teléfono es un lujo que no siempre se pueden permitir. «Nuestro nivel de vida es mucho mejor aquí que en México y estoy contento porque sé que mis hijos tendrán mejor educación aquí», dice Ricardo. «Este país es difícil pero nos ha dado muchas oportunidades. Yo le prometí a la Virgen de Częstochowa que seguiría yendo hasta que fuera viejito a St. Casimir.»

11

La torre

La luz empieza a flaquear por los grandes ventanales del salón de la Torre de la Libertad, al borde de la bahía de Miami. Cientos de personas con móviles y tabletas en alto llenan el recinto serpenteando entre las columnas con capiteles corintios de color dorado que se alzan sobre la moqueta naranja, estampada con rombos, hojas y flores. El techo abovedado del que cuelgan lámparas de hierro está iluminado por una proyección de estrellas. Por los altavoces suena Pitbull, el rapero de Miami.

Fuera del edificio unas decenas de manifestantes gritan y exhiben pancartas. «Ningún ser humano es ilegal» o «El sueño de Marco es nuestra pesadilla» son sus eslóganes en inglés y en español. Otros protestan contra el senador por cuestionar el cambio climático. Los seguidores de Rubio que se han quedado en la calle por falta de espacio intentan acallarlos. «Se oye, se siente, Marco presidente», gritan al unísono. Una mujer replica a quienes protestan: «¡Comunistas!».

Marco Rubio sube sonriente al escenario sobre un fondo con su nuevo logo de campaña, que junta su nombre y su apellido en minúsculas y sustituye el punto de la í con un pequeño mapa de Estados Unidos. Enfrente tiene un mural multicolor llamado «Nuevo Mundo», un mapamundi rodeado de carabelas, arcoíris y sirenas junto a dos figuras centrales, el conquistador Juan Ponce de León y el jefe indio de los tequesta, los indígenas de Florida.

A unos pasos de Rubio está el primer puro que se fumó Celia Cruz y que aún tiene marcas de su carmín. También el primer centavo que ganó un inmigrante cubano recogiendo fresas o los rosarios de los niños que llegaron solos a Estados Unidos en los años sesenta. Son algunos de los símbolos expuestos en este lugar de culto para la comunidad.

La campaña ha anunciado el discurso de este 13 de abril para las seis de la tarde, aunque para la prensa ha precisado que la entrada de Rubio será tres minutos después, justo con el margen para quienes se acomodan para verlo en directo desde sus casas y a tiempo para que los telediarios de las seis y media puedan incluir imágenes de algo que acaba de suceder. Rubio lleva bien visible su pulsera de goma blanca con la palabra «cambio», un símbolo reivindicativo de la libertad en Cuba, sobre todo después de que el régimen detuviera a varias personas por llevarla en la muñeca. El pañuelo blanco que asoma en la solapa junto a su pin de la bandera de Estados Unidos muestra el borde en perfecto orden horizontal como lleva ahora una generación de jóvenes fascinada por el estilo de la serie *Mad Men*. Rubio tiene a mano un pequeño vaso de agua. Su mujer y sus cuatro hijos esperan a un lado del escenario, junto a amigos y a algunos estudiantes de la Universidad Internacional de Florida. La frase más esperada refleja un equilibrio estudiado: «Anclado en las lecciones de nuestra historia e inspirado por la promesa de nuestro futuro, anuncio mi candidatura a presidente de Estados Unidos».

Pero nada ha sido elegido con tanto cuidado como el lugar donde Rubio proclama el inicio oficial de su campaña en esta tarde calurosa de abril.

La Torre de la Libertad de Miami emula a la Giralda de Sevilla. El edificio fue construido en 1925 para albergar la sede del periódico *Miami Daily News and Metropolis*. Entonces, con sus 17 pisos, era el rascacielos más alto de la ciudad. Sus arquitectos fueron los mismos que diseñaron el hotel Waldorf Astoria de Nueva York y el hotel Biltmore de Miami, que también tiene otra imitación de la torre de la catedral de Sevilla. En la punta de la cúpula sus arquitectos colocaron una veleta con la representación de un galeón español. A la cúspide se accede hoy trepando por una escalera de cuerda que sus inquilinos ya no se atreven a subir. De aquellos primeros años han quedado historias sobre las amantes del editor que eran recibidas en lo alto de la torre y sobre los supuestos fantasmas que habitan los últimos pisos del edificio.

La redacción del periódico estaba en el salón elegido por Rubio para anunciar su candidatura, en la primera planta del edificio con escalinatas de piedra, artesonados labrados de pino de Florida y ascensores con marcadores redondos y dorados encima de puertas con relieves de madera.

En 1957 el periódico dejó el lugar por la incomodidad de trabajar delante de un entorno que entonces era una ciénaga rodeada de mosquitos y en una sede que se inundaba a menudo y que ya había sufrido serios destrozos por los huracanes.

En julio de 1962, el Gobierno federal alquiló cuatro pisos del edificio para recibir a miles de cubanos que huían de su isla después del ascenso de Fidel Castro. Por aquí pasaron unos 650.000 cubanos en algo menos de cinco años y el edificio se convirtió en el símbolo de la llegada al nuevo mundo. Uno de sus apodos fue la Ellis Island del Sur.

El sitio ya tenía el nombre de Freedom Tower pero los cubanos lo conocían como El Refugio.

La mayoría llegaban en aviones o en pequeños barcos de pescadores y eran enviados al día siguiente a las oficinas en la torre. El nombre oficial del departamento que los atendía era Centro de Emergencia de Refugiados Cubanos.

Los cubanos quedaban registrados, recibían una tarjeta de identificación, dinero y algunas opciones de vivienda. Cada persona tenía derecho a una bolsa de ayuda donde podían encontrarse cuchillas de afeitar, pasta de dientes, maquillaje o un diccionario inglés-español. A los recién llegados se les ofrecía queso, leche en polvo, mantequilla o latas de comida preparada. Aquí comían y dormían hasta que encontraban una casa para alquilar o la vivienda de un familiar dispuesto a acogerlos. En algunos casos, el Gobierno les ofrecía alojamiento público.

«Las esquinas y las escaleras están llenas de grupos pequeños pero locuaces», contaba el *New York Times* en septiembre de 1962. El centro había acogido hasta agosto de ese año a 142.728 personas. Cada familia recibía un máximo de 100 dólares anuales aunque el periódico aseguraba que en muchos casos los cubanos no aceptaban la ayuda o devolvían el dinero en cuanto podían. «En 3.337 casos los refugiados han devuelto un total de 208.500 dólares explicando con gracias explícitas y orgullo implícito que se las arreglan solos», decía la crónica. El *Miami Herald* contaba el caso de Eduardo Pérez Fernández, un exiliado cubano de 72 años que había aparecido en la ventanilla con billetes pequeños que sumaban 677 dólares, el total de lo que había recibido del Gobierno. «Cuando lo necesitaba, los americanos me ayudaron. Ahora se lo devuelvo para que puedan ayudar a otros cubanos en apuros», dijo al funcionario que lo recibió, según el periódico.

A veces ocurría lo contrario: que los refugiados utilizaban varios nombres para recibir más cheques del límite por persona y por familia. También sucedía que los exiliados más pudientes solicitaban la ayuda aunque no la necesitaran. En una ocasión, una cubana preguntó si el Gobierno de Estados Unidos podía ayudarla para terminar de escolarizar a su hija en Suiza. Los locales también se quejaban de que los cubanos tiraban a menudo latas de comida sin abrir. Algunos no sabían qué hacer con los guisantes y el maíz.

En la torre, los hombres esperaban en una habitación y las mujeres y los niños, en otra, en sillas muy pegadas y a menudo después de haber hecho una cola fuera que daba la vuelta al edificio. «No parecen estar malnutridos o en malas condiciones de salud», observaba el *Times*, que también destacaba la paciencia y la compostura de quienes esperaban.

Unos meses después, en la siguiente primavera, el ambiente no era tan pacífico. La desconfianza en el Gobierno de John F. Kennedy y los rumores sobre supuestos acuerdos aumentaban. El exilio parecía que iba para largo y las familias se partían. Los vuelos regulares a Cuba se habían suspendido. El desempleo subía en Miami mientras sindicatos y grupos de afroamericanos se quejaban de que los cubanos estaban dispuestos a trabajar por menos dinero. «Los cubanos han dañado mucho a los negros. Trabajan por menos y cuando uno de ellos consigue un trabajo se lleva a los familiares y a los amigos así que no uno sino varios puestos de trabajo están cerrados para nosotros», se quejaba Charles Lockhart, un representante sindical.

La mayoría de los refugiados, según la descripción del Gobierno, tenía «buena educación y formación profesional». El centro intentaba recolocar a los cubanos fuera de Miami. Pero los exiliados se resistían a mudarse a ciudades donde se hablaba menos español, donde hacía más frío y donde Cuba quedaba más lejos.

Marshall Wise, el entregado director del centro, intentaba convencerlos de que dada la crisis económica de la ciudad estarían mejor en otro lugar. Pero la mayoría quería quedarse en Miami con o sin ayudas.

Con el tiempo dejaban de ir al centro. «Te daban carne en lata, leche en polvo y queso. Lo único que valía la pena era el queso, que era muy bueno. A los tres o cuatro meses te decían que sólo tenías ayuda si te mudabas a otro sitio. Nosotros decidimos quedarnos aquí», recuerda Raúl Martínez, líder demócrata y ex alcalde de Hialeah.

El director del centro intentaba aliviar las penas de los refugiados y contener la ira de los locales. Wise era un funcionario de Chicago que no sabía español pero estaba interesado en las relaciones internacionales. Dedicó la mayor parte de su vida a los servicios sociales para ayudar a ciegos, discapacitados o pobres sin vivienda. El Gobierno le pidió que estuviera dos o tres meses en Miami y al final se quedó dos años. La prensa local lo definía como un «idealista». Una de sus misiones era refutar lo que consideraba mitos sobre los cubanos que trabajaban por menos dinero o el aumento de la delincuencia. «Las actas de la policía demuestran que los cubanos no son un problema social», decía. «El flujo de cubanos no ha afectado a la industria turística. 1962 fue el mejor año turístico y 1963 será aún mejor.» Wise insistía en que había más circulación de dinero y que en último término los nuevos habitantes harían crecer la economía local. «No estamos sentados sobre un barril de pólvora», decía. Le gustaba contar historias sobre lo orgullosos que eran los cubanos, como el episodio de una chica de 20 años que había recorrido más de seis kilómetros a pie para vacunar a su bebé y sólo pedía ayuda para pagar un taxi de vuelta aunque el centro le ofrecía más.

Pero la tarea no era fácil para una ciudad que en 1960 tenía 290.000 habitantes y que en dos años se había encontrado de golpe con 153.000 cubanos. Los habitantes se quejaban de que los recién llegados no hablaban inglés, de que recibían al llegar ayudas públicas a los que los locales no tenían acceso o de que colapsaban el tráfico parándose en mitad de la calle cada vez que se encontraban a un conocido. A menudo el idioma era una barrera y algunos conflictos que acababan en los tribunales empezaban por malentendidos. Si la transición fue relativamente pacífica, fue en gran parte por el centro que dirigía Wise.

La Torre de la Libertad, cuando empezó a estar menos desbordada por las llegadas, se convirtió en un centro de atención médica donde también se daba empleo a médicos y dentistas cubanos. Funcionaba como guardería, como cafetería y hasta como cine. Su utilidad y su coste empezó a discutirse cuando bajó el ritmo de los nuevos inmigrantes. Al final, el programa le costó al Gobierno federal 957 millones de dólares.

El Gobierno cerró las oficinas para la acogida de cubanos en 1974. El edificio se quedó entonces vacío y se convirtió en uno de los símbolos del abandono y la inseguridad de Miami en los años setenta y ochenta. Los pasillos estaban llenos de pintadas y por allí se cruzaban camellos, prostitutas y personas sin hogar.

En un intento de rescatar el que fue uno de los primeros rascacielos de Miami, en 1979 el edificio fue añadido al registro de sitios históricos de Estados Unidos, lo que suponía que podía recibir subvenciones para su restauración. Pero la propiedad de la torre estaba entonces en pleno litigio entre dos inversores y Citibank. Era un mal momento para cualquier obra.

En 1987, una empresa saudí compró el edificio, hizo las primeras reparaciones en años y transformó su entrada en un gran salón para celebrar banquetes. La sala de fiestas tuvo éxito pero el grupo no consiguió rentabilizar las oficinas que pretendía alquilar en los pisos superiores como parte de un centro de negocios. Cuatro años después, se declaró en quiebra y dejó el edificio. Volvieron las pintadas, los cristales rotos y los vagabundos durmiendo en las escaleras.

La recuperación de la torre para recordar su pasado cubano no empezaría hasta 1997, cuando Jorge Mas Canosa compró el edificio unas semanas antes de morir.

En mayo de 2001, el rascacielos clásico se reinauguró con una ceremonia de iluminación en la que participó Celia Cruz. La cantante de salsa volvió al lugar dos años después pero en un ataúd. Miles de personas desfilaron para presentar sus respetos en su velatorio, que se celebró en el salón de la torre. Cruz murió en Nueva Jersey pero uno de sus últimos deseos fue que su cuerpo fuera llevado «a Miami, si no puede ser a Cuba».

En aquel año 2003 el edificio estaba de nuevo en peligro. Marco Rubio, entonces líder de la mayoría republicana en la Cámara de Representantes de Florida, dio la batalla para que el estado ayudara a Miami-Dade College a comprar la torre. Costaba siete millones de dólares y el estado estaba en plena fase de recortes del gasto público, con subidas de matrículas universitarias, despidos de profesores y supresión de servicios médicos. Pero Rubio insistía en salvar el lugar que había marcado a varias generaciones de cubanos. «Tiene un profundo significado para nuestra comunidad», repetía. No hay registro de que sus padres o sus abuelos pasaran por el centro. Los demócratas de la Cámara y los republicanos del Senado atacaron a Rubio por defender un gasto superfluo en tiempo de crisis. El gobernador, entonces Jeb Bush, amenazó con vetar cualquier intento de gastar dinero en el símbolo y la idea quedó parada.

Al año siguiente, el constructor cubanoamericano Pedro Martín compró la torre con la intención de hacer apartamentos de lujo en un edificio adyacente. La burbuja inmobiliaria estalló en Miami a tiempo de que le pareciera más conveniente donar el edificio a Miami-Dade, la mayor universidad pública de Estados Unidos y que pretendía extender aún más sus campus.

Su presidente, Eduardo Padrón, tenía especial interés en la torre. Padrón pasó por allí nada más llegar a Estados Unidos con 15 años como uno de los niños Pedro Pan. Dice que la primera vez que vio la torre pensó que era «el edificio más bonito del mundo». «Ésos fueron mis primeros momentos americanos. Momentos de esperanza delante de mi Estatua de la Libertad. Estoy donde estoy hoy por esos momentos», dice Padrón. Su sueño se cumplió y la torre, dicen sus empleados, es «su bebé».

Así fue como la torre acabó siendo de la universidad, como quería Rubio, sin gastar dinero de las arcas públicas. El joven político perdió ante Jeb Bush en el momento del debate, pero se salió con la suya sólo un par de años más tarde. Ninguno de los dos podía imaginar que una década después la Torre de la Libertad sería el escenario del gran anuncio de Rubio. Incluso con una dosis de desafío al viejo mentor.

Ante el millar de personas que caben en la sala principal de la torre, Rubio recuerda a los cubanos que pasaron por aquel lugar que hoy parece un salón de baile. Allí puede recitar mejor que nunca su discurso oficial, flanqueado por una exposición sobre la Operación Pedro Pan y otra sobre los primeros cubanos que llegaron aquí. El Gobierno también ha regresado al lugar. En enero de 2015, el Departamento de Estado alquiló una oficina en los pisos de arriba, un buen lugar para estar cerca de la comunidad cubana.

El mensaje de Rubio suena igual que el de la convención republicana de 2012 o el de su primer discurso en el Senado en 2011, que además llevaba el mismo título: *El nuevo siglo americano*. En varios pasajes las frases son idénticas palabra por palabra. También las que lo hacen emocionarse ligeramente, como la que incluye la referencia a las llaves de su padre sonando en la puerta por la noche después de una larga jornada laboral, la frase en español que Mario decía a sus hijos sobre los sueños posibles para ellos o la afirmación que más aplausos suele arrancar sobre «el viaje desde detrás de esa barra del bar hasta delante de este podio». «¡Está mirándote!», grita en inglés un entusiasta seguidor en referencia al difunto Rubio.

Las frases son las mismas y hay un *teleprompter* pero el candidato está algo más nervioso que de costumbre: se traba en alguna palabra y tiene que volver a arrancar con alguna cita desde el principio para que le quede tan solemne como desea para la ocasión. El discurso lo tiene asimilado desde hace años, preparado con su parte pesimista sobre el presente y su parte optimista sobre el futuro, con su apertura chistosa sobre algo físico e inmediato («esto sí que son un montón de móviles», dice al llegar al escenario) y su cierre esperanzador.

Pero lo que distingue esta vez su discurso es un desafío contra los viejos dueños del poder: Hillary Clinton (67 años) y Jeb Bush (62). Ambos están en posiciones de poder desde los años noventa y ambos tienen más bagaje familiar del que querrían en 2016.

Rubio prefiere centrarse explícitamente en la rival demócrata, que se ha presentado para disputar la Casa Blanca unas horas antes con una fórmula muy distinta: un vídeo colgado en su web y en redes sociales donde deja hablar a votantes escogidos con cuidado, con perfiles luchadores de todas las razas y edades. El calendario, que es casual porque ambos eventos estaban programados con antelación, le ha venido bien a Rubio para hacer su párrafo perfecto:

> Justo ayer una líder de ayer empezó una campaña presidencial prometiendo volver a llevarnos a ayer. Pero el ayer está acabado y no vamos a volver atrás. Los americanos estamos orgullosos de nuestra historia pero nuestro país siempre tiene la vista puesta en el futuro. Ante nosotros tenemos la oportunidad de escribir el mejor capítulo hasta ahora de la increíble historia de América. No podemos hacer eso volviendo a los líderes y a las ideas del pasado. Debemos cambiar nuestras decisiones cambiando a la gente que las toma.

Entonces está a punto de cumplir 44 años aunque aparente menos por su sonrisa infantil y su piel lisa. Defiende con fuerza el valor de su generación.

«It's your turn!», grita un seguidor.

«Ahora ha llegado el momento de que nuestra generación lidere el camino hacia un nuevo siglo americano», dice el candidato.

Rubio termina dando la bendición y el paso habitual a la familia en el escenario. Mientras se despide, suena por los altavoces *Something New* del dúo sueco Axwell & Ingrosso. A diferencia de lo que se suele escuchar en los mítines, la canción tiene unos pocos meses de vida. El mensaje es inequívoco. «We belong to something new», repite el estribillo a ritmo de *dance*.

Rubio es el candidato más joven entre los republicanos en 2016 y es el que puede decir que es alguien nuevo, con un mensaje que recuerda mucho al de Barack Obama. Los Bush y los Clinton ya estaban en el poder y eran millonarios cuando Rubio luchaba por pagar su deuda universitaria y hacer carrera mucho más allá de lo que nadie en su familia podía imaginar.

Su candidatura es para muchos de su entorno una traición al mentor, al hombre que él mismo definía en su autobiografía como «el patrón oro del republicano de Florida». Desde que Jeb Bush le dio aquellos primeros 50 dólares para su campaña para ser concejal en West Miami, el gobernador había sido para el joven político un especie de confidente, padrino y consultor. Los mismos que le retiraron su apoyo en la campaña al Senado en 2010 repetían ahora que Rubio no se presentaría si lo hacía Bush.

Antes de que anunciara su candidatura, amigos y enemigos eran escépticos con respecto a que Rubio se atreviera a lanzarse sin el permiso del ex gobernador.

«Creo que Marco no va a presentarse porque se presentará Bush. Los Bush son como una monarquía en Florida. Marco les debe mucho, empezó a recaudar mucho dinero porque Bush movilizó el dinero de las petroleras de Texas», explicaba unos meses antes un político demócrata que los conoce bien a los dos y que no quería ser citado temeroso de que cualquier declaración influyera en las ajustadas elecciones a las que se presentaba. «Creo que Bush lo tiene más fácil. Ha sido más cauteloso en política nacional. Es uno de los pocos a los que les puede ir bien.»

El mismo mensaje que repetían republicanos veteranos como Al Cárdenas y Lincoln-Díaz Balart, guardianes del *establishment* del partido desde los márgenes.

Cárdenas reconocía que Rubio se había «ganado su propio derecho a tomar su decisión» sin esperar a Bush. Pero antes de que los dos se decidieran desaconsejaba la competencia. «Nunca en la historia del país ha habido dos candidatos presidenciales del mismo estado en una contienda reñida. Sería algo que nunca hemos visto antes. Y más aún dos candidatos cuyo énfasis es muy similar con respecto a la atracción de ciertos sectores del electorado», decía entre bambalinas de la conferencia conservadora CPAC en Washington. «Espero que no se presenten los dos.»

Lincoln Díaz-Balart también pensaba que Rubio no se atrevería y esperaría «su turno» más adelante si Bush se decidía a dar el salto nacional. «Marco es muy consciente de lo importante que es la decisión de Jeb. Sabe que se lo está pensando y si hay alguien respetuoso con eso, ése es Marco», decía unos meses antes de que ambos anunciaran sus candidaturas en la primavera de 2015.

Díaz-Balart sólo tiene palabras de elogio para el ex gobernador de Florida. «Nunca vi a alguien con esa combinación entre *big thinker* y *detail man*. Le mandas un email y te contesta en un par de horas y al mismo tiempo es un estratega y un pensador sobre los grandes asuntos. Es un extraordinario ejecutivo. Cada vez que su hermano tenía una crisis nos juntábamos para decidir qué hacer.»

Cárdenas y Díaz-Balart acudieron al mitin de anuncio oficial de la campaña de Jeb Bush en Miami-Dade College a mediados de junio. Ninguno de los dos estaba con Rubio en la Torre de la Libertad.

«Muchas de las personas que hoy apoyan a Bush te dicen que Marco Rubio en ocho o diez años será la estrella del partido republicano», dice Ninoska Pérez, que habla animada de «Jebcito» y de sus propuestas, mientras destaca la «desconfianza» que puede producir «la juventud» de Rubio y «el desperdicio» que supone que deje de ser senador.

Los defensores de Rubio tienen claro el contraste entre los dos. «Bush es el siglo XX. Marco es el siglo XXI», dice Johnnie Byrd, presidente de la Cámara de Representantes de Florida antes que Rubio. Según Byrd, Bush actúa «como si la Casa Blanca le perteneciera». «¿Alguna vez ha dicho por qué quiere ser presidente? Va por ahí diciendo que es hispano pero no lo es. ¡Es un Bush! Marco y su familia se vieron obligados a ganar poco a poco todo lo que tienen. Son como el día y la noche. Ni siquiera puedo imaginar que Bush vaya a imponerse a un joven tan inteligente y dinámico como Marco.» Byrd, que nació dos años antes que Bush, dice: «No necesitamos viejos para gobernar este país. Es un siglo nuevo y necesitamos nuevos líderes».

En la tarde del anuncio en la Torre de la Libertad hay pocos políticos nacionales. A Rubio lo arropan su familia y sus estudiantes. En las primeras filas destaca el rostro satisfecho de Norman Braman, el millonario que gestiona el negocio de los coches de lujo en Miami y que financia su campaña. También hay compañeros de la Cámara de Representantes de Florida como Adam Hasner, René García o Carlos López-Cantera, el amigo que aspira a sustituir a Rubio en el Senado.

Han venido activistas locales como Luigi Boria, el alcalde de Doral, la ciudad de los inmigrantes venezolanos. También viejos adversarios como el alcalde de Miami Tomás Regalado y Ángel Zayón, que fue su rival en la primera carrera a la Cámara de Representantes de Florida y que ahora es el portavoz del regidor.

Esta tarde, en cambio, no han venido dos de las mujeres más importantes de su vida. Su madre, Oriales, casi no sale de casa y no puede estar en el acto. Tampoco ha podido venir Rebeca Sosa, que se encuentra en un barco rumbo a Puerto Rico para ver a su cuñado enfermo. Su asistente le manda el vídeo del anuncio y ella lo ve con una pareja de amigos en alta mar. «Qué cosa más grande», exclama Sosa desde lejos.

Algunos de los que han seguido a Rubio hasta aquí pasaron por la Torre de la Libertad cuando eran niños o adolescentes. Otros saben poco de la historia del lugar.

Antes de salir del edificio, Rubio graba un último vídeo en el móvil para dar las gracias a los asistentes y pedir a sus seguidores que visiten su nueva página web. Lo hace en el aparcamiento de la torre, casi sin luz. Es un mensaje que dura 15 segundos, la medida máxima que admite la aplicación de Instagram.

Esta noche la Torre de la Libertad se ilumina de rojo, blanco y azul: los colores de los dos países de Rubio. La bandera cubana cuelga a un lado de la fachada principal del edificio. En el otro extremo ondea la de la nación que acogió hace casi seis décadas a sus padres, que lo ha empujado hasta aquí contra pronóstico y que desde este lunes aspira a gobernar.

Epílogo

Marco Rubio es cubanoamericano, saltó a la escena nacional gracias a sus coqueteos con el Tea Party y es más conservador que el estadounidense medio con respecto al aborto, el matrimonio gay, el cambio climático o el papel de la religión en la vida pública. Está alineado con su partido, que ha ido alejándose del centro con el paso de los años: sería el candidato republicano más conservador desde que Barry Goldwater compitiera por la Casa Blanca en 1964. Aun así, Rubio es el aspirante republicano en 2016 que más se parece a la nueva América.

Pertenece a una minoría en ascenso, es bilingüe, sigue siendo joven y ha sufrido el peso de la deuda estudiantil. Vio a sus padres luchar por llegar a la clase media, ha vivido en lugares tan dispares como Las Vegas, Miami y un pueblo de Missouri y defiende a empresas digitales como Uber o Airbnb.

Rubio es un político de carrera y no tiene el nivel académico ni la brillantez intelectual de Barack Obama aunque los una su atractiva oratoria. Su avance ha tenido más que ver con la habilidad personal para pactar con sus enemigos que con su capacidad para impulsar grandes ideas. Pero su carrera presidencial es igualmente simbólica para una minoría maltratada que participó en la fundación de Estados Unidos y que durante décadas se ha quedado atrás por pobreza o discriminación.

El ascenso de Rubio, como el de Obama, evoca la vigencia del llamado sueño americano: la idea de que cualquiera puede triunfar sin importar sus orígenes en el país que mejor premia el talento.

Lo primero que distingue a Rubio de sus rivales es la fuerza de su historia personal, que exprime en cada mitin como si estuviera contándola por primera vez. El otro hispano con aspiraciones presidenciales es el senador Ted Cruz, cuyo padre fue torturado por las fuerzas del dictador Fulgencio Batista y huyó de Cuba en 1957 con 100 dólares escondidos en su ropa interior. Pero son familias con experiencias muy distintas. El padre de Cruz hizo fortuna en el sector del petróleo y se casó en segundas nupcias con una canadiense. Los padres de Rubio siempre trabajaron en empleos modestos y nunca aprendieron bien inglés. Cruz ni siquiera sabe hablar español.

Son detalles que permiten a Rubio presentarse como hijo de inmigrantes luchadores, aunque en ocasiones el candidato también haya jugado la carta del exilio político. Sus padres llegaron de Cuba pero tuvieron una experiencia más parecida a la de los mexicanos, que suelen mudarse a Estados Unidos por motivos económicos.

Rubio también es el arquetipo de la segunda generación de inmigrantes: respetuoso con los orígenes de sus padres pero más integrado, mejor educado y despojado de las ataduras de sus mayores. El senador habla inglés con sus hijos y con su esposa y en su móvil no hay boleros sino hip-hop. Se siente cómodo en los actos de la comunidad cubana de Miami pero ha construido una carrera política fuera de ella, sin el respaldo expreso de líderes tan influyentes como los hermanos Díaz Balart.

Rubio rehuye a menudo la etiqueta de hispano para atraer a un electorado amplio, pero también sabe que su origen puede ser su mejor arma. Estados Unidos es un país cada vez menos homogéneo y los republicanos necesitan atraer a las minorías si quieren volver a la Casa Blanca.

En 1965 apenas había en Estados Unidos nueve millones de personas que hubieran nacido en otro país. Medio siglo después, esa cifra se ha multiplicado por cinco y seguirá creciendo durante el siglo XXI empujada por la llegada de los hispanos y de los asiáticos que ya están transformando el rostro del país. Los blancos anglosajones apenas suponen el 62 por ciento del censo. Una cifra que seguirá mermando en los próximos años si no crece su tasa de natalidad.

Los republicanos tienen un grave problema demográfico. Ganan en las elecciones legislativas de mitad de mandato pero pierden en las presidenciales, en las que votan más mujeres, más jóvenes, más hispanos y más afroamericanos.

Cualquier aspirante tendrá muy difícil llegar al poder sin tener en cuenta a ese electorado más diverso. Mitt Romney arrasó en 2012 entre los hombres blancos y entre los mayores de 55 años pero perdió la carrera presidencial.

El atractivo de Rubio cabe atribuirlo a su capacidad para llegar a unos votantes de los que los republicanos se han olvidado durante la última década. Su carrera lo ha empujado a llevar una vida muy distinta a la de sus padres. Pero no ha abandonado del todo sus raíces y sigue viviendo en el vecindario donde se crió.

Su relación con los inmigrantes es, sin embargo, ambigua y no tiene el favor mayoritario de los hispanos. Se atrevió a ser adalid de la reforma migratoria en el Senado, pero también dio un paso atrás cuando vio que sus colegas de partido no aceptarían ningún compromiso.

Sus titubeos se pusieron de nuevo en evidencia tras la irrupción en escena de Donald Trump, cuyo discurso agresivo devolvió la inmigración al primer plano de la batalla electoral y resucitó la retórica más racista que espantó a los hispanos en 2012. La creencia de que el discurso contrario a los inmigrantes anima a las bases del partido es errónea según las encuestas. Las cifras del Pew Research Center indican que la mayoría de los republicanos están a favor de regularizar la situación de los inmigrantes indocumentados.

Marco Rubio no sólo es el republicano que mejor representa a las minorías. Es también el aspirante más joven de 2016. Cuando se presentó en abril de 2015, le quedaba un mes para cumplir 44 años. Pero la cara rellenita, la piel tersa y la sonrisa de aire inocente dan al candidato una apariencia más juvenil. Su aspecto puede ayudarlo en un país cuya media de edad ronda los 36 años.

Los jóvenes suelen ser los que menos votan en las elecciones pero también los que tienen más potencial cuando se los moviliza, como bien saben los demócratas. Barack Obama fue reelegido presidente en 2012 con el 60 por ciento de los votos de las personas de menos de 30 años pese a haber perdido algo de apoyo en esta franja de edad con respecto a 2008.

El equilibrio entre la experiencia y la frescura es el ideal para cualquier líder que aspire a la Casa Blanca pero en la carrera de 2016 la inquietud *anti-establishment* ha reforzado el deseo de lo nuevo. En marzo de 2015 sólo un 36 por ciento de los votantes registrados como republicanos valoraba las «nuevas ideas» por encima de la experiencia. En septiembre, el porcentaje se había disparado hasta el 65 por ciento empujado por el descrédito de políticos muy polarizados e incapaces de pactar en Washington. Rubio se vende como novedad aunque la mayoría de su carrera se haya dedicado a la política.

También insiste en presentarse como alguien que entiende a los jóvenes. Rubio presume de haberlo pasado mal para costearse sus estudios. Es una experiencia que comparte con buena parte de su generación y con quienes son más jóvenes. La deuda universitaria que lo atenazó hasta que publicó su primer libro cuando ya era senador se ha convertido para él en una manera de conectar con la vida cotidiana de millones de personas en Estados Unidos.

El día de su graduación, cada estudiante universitario debe una media de más de 35.000 dólares, según los datos de 2015. La carga se dispara unos años después porque los intereses se van acumulando hasta que uno encuentra un trabajo que le permita dedicar suficientes recursos a saldar deudas y hacer todo lo demás. Tanto Obama como Rubio habían cumplido los 40 cuando lograron devolver todos los préstamos. Y la situación de ambos era extraordinaria y se debió a los contratos lucrativos que recibieron por la publicación de sus libros.

La gran baza de Rubio es la empatía que suscitan sus palabras cuando cuenta cómo fue recibir «la deprimente carta» informándole de que debía más de 100.000 dólares por sus estudios de Derecho o cómo no lograba pagar los 1.500 dólares al mes de deuda pese a haber conseguido un trabajo bien remunerado en un bufete de abogados.

La experiencia es demasiado habitual para el americano medio. Por eso no extrañan las críticas que recibió el *New York Times* cuando presentó en un artículo las deudas de Rubio como un ejemplo de negligencia en un político que defiende el control del gasto público.

Consciente de que su fuerte puede ser la modernidad o su apariencia, Rubio también se ha puesto enseguida del lado de la tecnología que marca costumbres. Fue uno de los primeros políticos tuiteros y su campaña presidencial ha tenido desde su nacimiento una estrategia continua en Snapchat, la red que triunfa entre quienes acaban de alcanzar la edad mínima para votar. Los vídeos grabados en vertical son otro intento de subrayar que se trata de un candidato de la era del móvil.

Rubio también ha sabido reorientar el discurso clásico de los republicanos contra la regulación hacia la reivindicación de los servicios de la economía colaborativa como los coches-taxi de Uber y las casas-hotel de Airbnb.

Se estima que tres cuartas partes de los usuarios de Uber tienen entre 16 y 34 años. El segundo capítulo del libro *American Dreams* de Rubio se llama «Making America Safe for Uber».

Para Rubio es una manera de explicar ideas poco populares entre sus estudiantes en Florida y una forma de acercarse a un electorado que los republicanos habían ignorado en las últimas elecciones. El candidato ha sido el primero y el más entusiasta a la hora de elogiar la nueva realidad lejos de los viejos aliados republicanos del motor y la energía.

«Los americanos han elegido una economía en la que la mayor cadena del país, Amazon, no tiene una sola tienda. La mayor compañía de transporte, Uber, no tiene un solo vehículo», proclamó en octubre de 2015 en un discurso en Nueva York, con uno de sus eslóganes más repetidos en campaña.

Pese a su bandera de joven, defiende valores muy tradicionales y, según su historial de voto en el Senado, está a la derecha de Ronald Reagan o George W. Bush.

El contraste entre lo nuevo y lo viejo puede verse en su propio barrio. Había algo de esos dos mundos un sábado de campaña en uno de los lugares más especiales para Rubio. El lugar escogido en West Miami era un edificio de ladrillo marrón oscuro que tiene delante una placa oxidada dedicada a un concejal que murió en 1988. El lugar, la sede del ayuntamiento y del centro comunitario, está tranquilo la mayoría de la semana y sus salas son sobrias, como es costumbre en las instalaciones públicas en Estados Unidos. Pero en una de esas salas se contaron los votos que proclamaron a Rubio vencedor en la primera campaña de su vida.

Aquí aparece una mañana entre debate y debate para animar a sus vecinos. La reunión es para los voluntarios que hacen llamadas y van de puerta en puerta haciendo campaña por él. Apenas hay un centenar de personas y no ha llamado a la prensa.

Rubio llega por sorpresa para dar las gracias. Podría parecer el lugar de los recuerdos, pero hay muchos jóvenes. Algunos son casi adolescentes que estrenarán su derecho de voto en unos meses. La mayoría son de origen cubano, pero hablan sobre todo en inglés, como el candidato.

También se encuentran junto a Rubio los primeros que lo acompañaron a llamar a las puertas del barrio en aquella primera campaña de 1998.

En la sala está el ex concejal Carlos Díaz-Padrón, confidente de Rebeca Sosa cuando Rubio fue elegido por primera vez.

Sosa se acerca a su antiguo colega, que se ha retirado de la política y se ha mudado al barrio rico de Coral Gables, y le recuerda las palabras que dijeron el primer día de Rubio en el concejo de West Miami al escucharlo hablar con tanta soltura sobre la importancia de la política local: «Es un monstruo».

Sosa le pregunta cómplice a Carlos: «¿Te acuerdas que tú y yo tuvimos esa visión desde el principio?».

La madrina Sosa está convencida del éxito del candidato. «Aunque no gane, ya ganó. Porque ha llegado a una posición privilegiada para un hijo de inmigrantes», dice. «Claro que yo tengo ya mi convicción de que Marco va a estar en la Casa Blanca.» Sosa se ríe y repite un comentario que leyó en Facebook hace unos días: «El año que viene esperamos que la Nochebuena se celebre en la Casa Blanca con arroz, frijoles negros y lechón asado».

Notas sobre las fuentes

1. *El obelisco*

Además de nuestras entrevistas con Marco Rubio, nos han sido especialmente útiles las conversaciones con Carlos Saladrigas, Mauricio Claver Carone, Lincoln Díaz-Balart, Gina Montaner, Ninoska Pérez Castellón y el profesor Philip Brenner para comprender el exilio cubano, el debate en la comunidad y la actitud de las nuevas generaciones. Para contar la historia de los cubanoamericanos, hemos utilizado *Cubans in America* de Alex Antón y Roger Hernández (Nueva York, Kensington Books, 2002), *The Immigrant Divide* de Susan Eva Eckstein (Nueva York, Routledge, 2009), *The Cuban Embargo* de Patrick Haney y Walt Vanderbush (Pittsburgh, University of Pittsburgh Press, 2005) y *Castro's Secrets. The CIA and Cuba's Intelligence Machine* (Londres, Palgrave McMillan, 2000). Otros detalles sobre el embargo se encuentran en la autobiografía de Bill Clinton, *My Life* (Nueva York, Knopf, 2004). [Hay trad. cast.: *Mi vida*, Barcelona, Plaza & Janés, 2004.] La entrevista con Alfonso Fanjul que desató el debate en Miami fue «Sugar Tycoon Alfonso Fanjul Now Open to Investing in Cuba under Right Circumstances», publicada en el *Washington Post* el 2 de febrero de 2014. La descripción de los cambios de la política de Estados Unidos viene de los *briefings* de la Casa Blanca del presidente Barack Obama en diciembre de 2014. El artículo sobre la relación del Norman Braman con Rubio es «Billionaire Lifts Marco Rubio, Politically and Personally», publicado por el *New York Times* el 9 de mayo de 2015.

2. La llegada

La historia de St. Augustine está bien relatada en *Cubans in America* de Alex Antón y Roger Hernández (Nueva York, Kensington Books, 2002) y en *Our America. A Hispanic History of the United States* de Felipe Fernández-Armesto (Nueva York, Norton & Company, 2014). [Hay trad. cast.: *Nuestra América / Una historia hispana de Estados Unidos*, Barcelona, Galaxia Gutenberg, 2014.] Los mapas del San Agustín original se encuentran en los archivos del Ministerio de Cultura de España. También nos ha servido la St. Augustine Historical Society, que tiene una variedad de documentación sobre los orígenes de la ciudad.

La hemeroteca del *New York Times* es una fuente inagotable de detalles. La lectura de sus artículos de hace un siglo es igual de placentera que la de los actuales. Nos ha gustado en especial el de Dorothy Stanhope «Exodus from Havana» publicado el 8 de abril de 1900. Los datos de población son del Censo de Estados Unidos de St. Augustine y Miami (con gran edición de 2010, actualizada con estimaciones todos los años).

Nos han ayudado a contar la Operación Pedro Pan las conversaciones con Alicia Delgado y Carlos Saladrigas además de la documentación recogida por Miami-Dade College y la Miami Historical Society. Joan Didion cuenta las suspicacias sobre el proyecto en *Miami* (Nueva York, Vintage Books, 1987). [Hay trad. cast.: *Miami*, Espasa, Barcelona, 1989.]

Además de nuestra conversación con Rubio sobre sus orígenes, la historia de su familia está bien relatada en su autobiografía *An American Son* (Nueva York, Sentinel, 2012). Los detalles sobre la llegada y la orden de deportación de Pedro Víctor García los contó Manuel Roig-Franzia en *The Rise of Marco Rubio* (Nueva York, Simon & Schuster, 2012). La primicia fue publicada en el *Washington Post*, en «Marco Rubio's Compelling Family Story Embellished Facts, Documents Show», el 20 de octubre de 2011, y en el *St. Petersburg Times*, en «Documents Give Shape to Marco Rubio's Family History but Raise New Questions», el 25 de octubre de 2011, y «Birthers Say Marco Rubio Is Not Eligible to Be President» el 19 de octubre de 2011.

La mejor fuente de declaraciones oficiales de Rubio ha sido a menudo *Politico*, por ejemplo con el artículo «Rubio Camp Issues Statement on Book Excerpts» del 25 de abril de 2012.

3. *La ciudad*

En la labor de investigación sobre West Miami, han sido muy valiosas nuestras conversaciones con Rebeca Sosa, Carlos Díaz-Padrón, Tania Rozio, Jim Gestwicki y Ana Carbonell.

También ha sido de gran ayuda la Miami Historical Society, con su documentalista Dawn Hugh y el historiador Paul George, de Miami-Dade College. Gracias a ellos, llegamos a los orígenes del lugar contados en la prensa local, en artículos como «City of West Miami Grew from Pine Lands», publicado por el *Florida Daily Times* el 20 de enero de 1955. Las raíces de la animada política de West Miami están especialmente bien contadas en varios artículos del *Miami News*: «West Miami. Community with a Purpose», de su revista *Florida Living*, publicado el 26 de abril de 1959, y «New Government Will Now Shape Cooper's Town of West Miami», del 30 de junio de 1980. También hemos encontrado artículos útiles en la Historical Association of Southern Florida y sus antiguos boletines.

El retrato de la pequeña ciudad lo hace también el propio Rubio en su autobiografía *An American Son* (Nueva York, Sentinel, 2012). Su elección en West Miami está recogida el 16 de abril de 1998 por el *Miami Herald*: «Rubio Wins Seat on West Miami Commission». Algunos detalles de su barrio y su familia son de una de nuestras entrevistas con Rubio.

Para el ambiente en Miami en los ochenta, ha sido esencial el vivo relato de Joan Didion en *Miami* (Nueva York, Vintage Books, 1987).

Hemos leído con atención las transcripciones de todas las sesiones del ayuntamiento de West Miami entre abril de 1998 y febrero de 2000, que hemos obtenido tras una petición a la ciudad.

Los detalles sobre los problemas legales de Gerardo Ramos, uno de los primeros acompañantes de Rubio, están resumidos en dos artículos del *Miami Herald*: «Forger's Criminal Past Haunt Miami Dade Campaigns», publicado el 8 de agosto de 2012, y «Consultant Ends Up in Tough Spot. The Limelight», publicado por el *Miami Herald* el 7 de agosto de 2012.

Los años más duros de Miami están bien descritos en varios artículos del *New York Times* de la época, sobre todo en «Can Miami Save Itself?», del 7 de julio de 1987, y «Miami Crime Rises as Drugs Pour In», del 12 de agosto de 1981. Los desmentidos a sus propias versiones del crimen relacionado con los *marielitos* están en un artículo publicado el 16 de enero de 2005: «The Long Voyage from Mariel Ends».

Las referencias a las cuentas del senador salen de su segundo libro *American Dreams* (Nueva York, Sentinel, 2015) y del polémico artículo en la campaña del *New York Times* «Marco Rubio's Career Bedeviled by Financial Struggles», del 9 de junio de 2015.

4. *El sable*

La historia de la primera campaña de Rubio a la Cámara de Representantes está basada en nuestras entrevistas con los empresarios locales Modesto Pérez y Regino Rodríguez, que nos ofrecieron muchos detalles sobre su papel durante aquellas primarias republicanas de 1999 y sobre la vida política de Hialeah. Algunos episodios los cuenta el propio senador en su autobiografía *An American Son* (Nueva York, Sentinel, 2012) y los refrenda Manuel Roig-Franzia en su libro *The Rise of Marco Rubio* (Nueva York, Simon & Schuster, 2012). La historia del frontón cubano más célebre está contada en el texto «El Jai-Alai de La Habana, el Gernikako Arbola y la independencia de Cuba», publicado en la página web *About Basque Country*.

Los problemas judiciales de Raúl Martínez están descritos en el libro *Cuba Confidential. Love and Vengeance in Miami and Havana* (Nueva York, Vintage Books, 2002) de la periodista Ann Louise Bardach, que aborda las batallas políticas entre los miembros del exilio cubano de Florida durante las últimas décadas. Los detalles del triunfo de Rubio en la campaña a la Cámara de Representantes están descritos en dos artículos del *Miami Herald*. El primero lo firmó Yvette M. Yee al día siguiente de las primarias y se titula «Rubio Edges Zayón in GOP Runoff», del 12 de enero de 2000. El segundo se titula «How Marco Rubio Rose from West Miami Commissioner to White House Contender» y lo publicó el 10 de abril de 2015 Patricia Mazzei.

5. *La espada*

Los orígenes de la familia Díaz-Balart están contados en las memorias inacabadas del patriarca Rafael, editadas por sus hijos con el título *Cuba. Intrahis-*

toria. Una lucha sin tregua (Miami, Ediciones Universal, 2006). El libro incluye muchos detalles sobre los años mozos de Fidel Castro y sobre la infancia madrileña de los hijos de Rafael, que todavía hoy desempeñan un papel esencial en el exilio cubano. El relato que incluimos aquí lo han enriquecido nuestras conversaciones con los hermanos José y Lincoln Díaz-Balart y con personas clave en Miami como Rebeca Sosa, Ana Carbonell, Ninoska Pérez o Gina Montaner. También algunos detalles del artículo «For Mario, Lincoln and José Díaz-Balart, Immigration Reform is a Shared Passion», publicado por Ben Terris el 9 de marzo de 2014 en las páginas del *Washington Post*.

La carrera política de Lincoln Díaz-Balart está bien descrita en el libro de Albin Kowalewski *Hispanic Americans in Congress. 1822-2012* (Washington, Joint Committee on Printing, 2014). Algunos aspectos de los que habla Kowalewski los hemos ampliado en nuestras conversaciones con dirigentes republicanos y demócratas del sur de Florida.

El detalle de la vomitona en el avión de vuelta de New Hampshire lo cuenta el propio Marco Rubio en su autobiografía *An American Son* (Nueva York, Sentinel, 2012). Algunos de los desafíos de sus años en Tallahassee los describe Manuel Roig-Franzia en su libro *The Rise of Marco Rubio* (Nueva York, Simon & Schuster, 2012) y el periodista Michael J. Mishak en su perfil «The Speaker», publicado en el *National Journal* el 11 de julio de 2015. Muchos detalles de esos años emergieron durante nuestra conversación con el *speaker* republicano Johnnie Byrd, que desveló algunas claves sobre los primeros años de Rubio en la Cámara de Representantes y sobre su ascenso en la política estatal.

El libro *100 Innovative Ideas for Florida's Future* (Washington, Regnery Publishing, 2006) apenas tiene tres reseñas en Amazon y es aún más aburrido de lo que sugiere su portada. Pero cualquiera puede adquirir un ejemplar usado por un centavo. El mejor análisis de las propuestas de Rubio lo firma el periodista Aaron Sharockman en el artículo titulado «Rubio Claims 57 of His 100 Ideas Were Made Law by the Florida Legislature», publicado por el proyecto digital *Politifact* el 26 de febrero de 2010.

Nadie describe mejor los detalles de la casa de Rubio en Tallahassee que la pieza «Marco Rubio's House of Horrors», publicada en *Politico* por el periodista Marc Caputo el 16 de marzo de 2015. Los escándalos judiciales de David Rivera los explican varios artículos publicados por el propio Caputo y por Patricia Mazzei en las páginas del *Miami Herald*.

6. *El salto*

Los problemas judiciales de Raúl Martínez están descritos en el libro *Cuba Confidential. Love and Vengeance in Miami and Havana* (Nueva York, Vintage Books, 2002) de la periodista Ann Louise Bardach. Sobre todo su pugna con la congresista Ileana Ros-Lehtinen y con su marido Dexter Lehtinen a finales de los años 80. Nosotros incluimos aquí muchos detalles de nuestras conversaciones con Raúl Martínez, Modesto Pérez y Lincoln Díaz-Balart.

El relato de la campaña al Senado de Rubio está basado en los detalles que aparecen en su libro *An American Son* (Nueva York, Sentinel, 2012) y en nuestras entrevistas con personas que presenciaron su ascenso durante esos años: Rebeca Sosa, Lincoln Díaz-Balart, Carlos López-Cantera, David Rivera y Brendan Farrington. El reportaje «The Believer» de John J. Miller publicado el 18 de octubre de 2010 en *National Review* aporta algunas claves sobre la campaña. También varios artículos de la hemeroteca del *Miami Herald* y del *New York Times* de esas semanas antes de la votación.

Sobre la relación de Rubio con su adversario Charlie Crist hablamos con varios periodistas de Florida y con Raúl Martínez y Lincoln Díaz-Balart. Las cifras de los sondeos de las que habla el senador las chequeamos en la página web de la firma demoscópica Rasmussen y en varios artículos periodísticos que se publicaron entre 2009 y 2010.

7. *El pescado*

Las impresiones de la convención republicana vienen de otra de nuestras entrevistas con Marco Rubio además de las conversaciones con delegados y consultores políticos de Mitt Romney y Ron Paul.

La mejor descripción del proceso de selección del candidato a vicepresidente de Romney, con sus etiquetas de peces para los aspirantes, está en el libro de Mark Halperin y John Heilemann *Double Down. Game Change 2012* (Nueva York, Penguin, 2013).

La información más sintética del decreto de Obama sobre inmigración se encuentra en el artículo que el *New York Times* publicó el 16 de junio de 2012: «U.S. to Stop Deporting Some Illegal Immigrants». Las reacciones al anuncio están resumidas en su entrada del blog *The Lede* del *New York Ti-*

mes: «Reaction to Obama's Immigration Decision Is Swift and Polarized», publicada el 15 de junio de 2012.

Después de escuchar muchos relatos de residentes de Miami sobre la historia del hotel Biltmore y de haber escrito parte de este libro allí, hemos encontrado algún detalle nuevo en la pieza de *Buzzfeed*: «The Future of the Republican Party Is by the Pool at the Biltmore», publicada el 12 de febrero de 2013.

Para entender la evolución de las aspiraciones de Rubio nos han servido las conversaciones con Ana Navarro, David Rivera, Carlos López-Cantera y Rebeca Sosa, cuatro de las personas que lo han acompañado durante más tiempo. Sobre la polémica del senador con Univision hemos hablado con Isaac Lee, presidente de Univision Noticias y hemos leído artículos en diversos medios. El más completo es el reportaje que Ken Auletta publicó el 9 de enero de 2012 en el *New Yorker* con el título «War of Choice».

8. *La brecha*

En el desfile de la inauguración, además de nuestras entrevistas a los hispanos que consideran que le han ganado las elecciones a Obama y a los integrantes de varios grupos, hay más detalles sobre la banda de salsa de Florida en la pieza «A High School Salsa Band in the Inaugural Parade», publicada por NPR el 20 de enero de 2013 y sobre todo en el artículo del *Orlando Sentinel*, «Teen Salsa Band from Osceola to Perform in Inaugural Parade», publicado el 18 de enero de 2013.

Los mejores datos sobre hispanos están recogidos en el Pew Hispanic Research Center. Un ejemplo es el informe «Dissecting the Latino Electorate» de Mark Hugo López y Ana González Barrera publicado el 31 de mayo de 2013. Las conversaciones con Mark López y Arturo Vargas nos han ayudado a dar más contexto.

La otra gran fuente de datos es Gallup. La fidelidad ideológica está sacada de «Democrats Enjoy 2-1 Advantage over GOP among Hispanics», publicado el 25 de febrero de 2013.

Un buen resumen de la presencia de hispanos en los estados clave es el de «Hispanic Population Soars in Presidential Swing States», publicado el 22 de junio de 2012 por *The Hill*.

La entrevista con la directora de Battleground Texas, Jenn Brown, nos ha servido para explicar el intento de convertir Texas en un estado demócrata. Su historia también está contada en el reportaje «The Future of Battleground Texas», publicado en el *Texas Monthly* el 26 de febrero de 2015. También hemos utilizado la encuesta de Public Policy Polling publicada el 31 de enero de 2013 y reseñada en el texto «Clinton Could Win Texas». Nos ha aclarado mucho el nivel de apoyo republicano entre los hispanos la pieza «Karl Rove Says Republicans Running in Texas Draw 40 Percent of Latino Vote on Average», que el *Austin American Statesman* publicó dentro de su sección de comprobación de datos el 4 de junio de 2013.

Para la descripción de los clubes Viva Kennedy ha sido útil la Texas State Historical Association y el libro V*iva Kennedy. Mexican Americans in Search of Camelot* de Ignacio García (College Station, Texas A&M University Press, 2000).

La discriminación y los abusos que sufrían los inmigrantes mexicanos está muy bien relatada en *Our America. A Hispanic History of the United States* de Felipe Fernández Armesto (Nueva York, W. W. Norton & Company, 2014).

9. *La espera*

El texto más detallado sobre la historia de la CPAC se titula «CPAC over 30 Years. Conservatives Have Come a Long Way» y lo publicó la web conservadora *Human Events*. Nuestro relato de la conferencia de 2014 está basado en nuestras entrevistas con varios activistas conservadores y en nuestra conversación con el abogado hispano Al Cárdenas, entonces presidente de la asociación que organiza la reunión.

El ascenso de Rubio en Washington está bien descrito por Manuel Roig-Franzia en su libro *The Rise of Marco Rubio* (Nueva York, Simon & Schuster, 2012). Sus viajes por el mundo los ha documentado su equipo y han aparecido en las páginas de diarios globales como el israelí *Haaretz* o el londinense *The Times*.

El furor que sintieron los republicanos por Rubio después de la derrota de Mitt Romney está descrito en el artículo «Immigrant Son», que publicó Michael Grunwald el 7 de febrero de 2013 en el ejemplar de la revista *Time* que llevaba en su portada al senador.

Nadie cuenta mejor la intrahistoria del discurso que pronunció Rubio en el Senado sobre Cuba y Venezuela que el periodista McKay Coppins de *Buzzfeed* en el artículo «Behind the Speech that Launched Marco Rubio's Comeback» del 5 de marzo de 2014. Los discursos de Rubio en Iowa y en los eventos de Uber y Google fueron cubiertos por el medio digital *Politico*, que también informó sobre su respaldo a Joni Ernst, candidata por Iowa al Senado federal. Las referencias a algunos aspectos de sus propuestas están tomadas de su libro *American Dreams* (Nueva York, Sentinel, 2015).

10. *La barda*

La historia del inmigrante Ricardo Ramos está basada en nuestras entrevistas con la familia del protagonista y en nuestras conversaciones con la activista Verónica Dahlberg, el abogado David Leopold, el sacerdote Eric Orzech y los feligreses Joe Feckanin y John Niedzialek, que nos guiaron por los problemas de los inmigrantes mexicanos en el área metropolitana de Cleveland y nos ayudaron a contar una historia que refleja bien el problema de la inmigración ilegal. El memorando de John Morton sobre el que habla Leopold en el capítulo es público.

El relato de la historia de la inmigración en Estados Unidos está construido con ayuda del profesor David A. Gerber y de su libro *American Immigration* (Nueva York, Oxford University Press, 2011). Algunos detalles están tomados de *Immigration Wars* (Nueva York, Simon & Schuster, 2013), que publicaron Jeb Bush y el abogado Clint Bolick unos meses después de las presidenciales de 2012.

La intrahistoria del proyecto de reforma migratoria en el que intervino Marco Rubio la describe a fondo el periodista Ryan Lizza en su artículo «Getting to Maybe», publicado en la revista *New Yorker* el 24 de junio de 2013. Las entrevistas contradictorias que concedió Rubio durante la primavera y durante el verano de ese año están disponibles en las versiones digitales de medios como CNN, *Wall Street Journal* o Fox News.

La inquietud que suscitó en la Casa Blanca el proyecto de Rubio para ofrecer permisos de residencia a los jóvenes inmigrantes sin papeles la explica muy bien el congresista demócrata Luis Gutiérrez en sus memorias *Still Dreaming* (Nueva York, W. W. Norton & Company, 2013). La polémica en torno al decreto del presidente Obama en noviembre de 2014 está descrita en detalle en el artículo «The Immigrant Families in Limbo», firmado por el periodista Jeffrey Toobin y publicado por la revista *New Yorker* el 27 de julio de 2015.

11. *La torre*

Nos ha ayudado con la historia de la Torre de la Libertad Tamara Hervera, de Miami-Dade College. Las fotografías en la Cuban Heritage Collection de la Universidad de Miami han servido para la descripción del ambiente entre los refugiados cubanos a principios de los años sesenta. Nos han sido de gran utilidad en particular la colección de documentos de Marshall Wise, que fue director del centro. Hemos examinado discursos, premios y recortes de prensa conservados en la Universidad. También se pueden encontrar más detalles en la hemeroteca del *New York Times*, en particular en «Cuba's Refugee Live in Hope and Despair», publicado el 30 de septiembre de 1962; «Bitter, Frustrated, Divided. Cuba's Refugees», publicado el 21 de abril de 1963, y «Job Rises Forecast for Cuban Exiles», del 6 de marzo de 1962.

Las entrevistas con Lincoln Díaz-Balart, Al Cárdenas, Johnnie Byrd, Ninoska Pérez Castellón y un político demócrata que prefirió no ser identificado nos han ayudado a contar la relación entre Jeb Bush y Marco Rubio.